贪污受贿
犯罪量刑均衡机制实证研究
EMPIRICAL
Research on Balanced Sentencing Mechanism for Crimes of Corruption and Bribery

陈磊 著

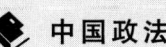
中国政法大学出版社

2019·北京

声　明　　1. 版权所有，侵权必究。

　　　　　　2. 如有缺页、倒装问题，由出版社负责退换。

图书在版编目（CIP）数据

贪污受贿犯罪量刑均衡机制实证研究/陈磊著.—北京:中国政法大学出版社,2019.4

ISBN 978-7-5620-8947-6

Ⅰ.①贪… Ⅱ.①陈… Ⅲ.①贪污罪－量刑－研究－中国②受贿罪－量刑－研究－中国 Ⅳ.①D924.392.4

中国版本图书馆 CIP 数据核字(2019)第 064940 号

出 版 者	中国政法大学出版社
地　　址	北京市海淀区西土城路 25 号
邮寄地址	北京 100088 信箱 8034 分箱　邮编 100088
网　　址	http://www.cuplpress.com（网络实名：中国政法大学出版社）
电　　话	010-58908586(编辑部) 58908334(邮购部)
编辑邮箱	zhengfadch@126.com
承　　印	北京朝阳印刷厂有限责任公司
开　　本	880mm×1230mm　1/32
印　　张	6.375
字　　数	170 千字
版　　次	2019 年 4 月第 1 版
印　　次	2019 年 4 月第 1 次印刷
定　　价	39.00 元

前　言

　　贪污受贿罪作为易受案外因素影响的一类犯罪，其量刑失衡问题相较于其他犯罪而言较为普遍且突出，这是由经验观察并经一些统计数据证实的特征化事实。在全面从严治党、严厉打击腐败的时代背景和刑事政策指引下，贪污受贿犯罪均衡量刑显得格外有意义。既要使贪官污吏罚当其罪，给予其公正审判和刑罚，也要使公众相信司法官并没有给予特殊群体以特权，适用刑法不存在身份"优待"的说法。贪污受贿犯罪"量刑优待和量刑失衡"现象关系到司法权威和反腐败整体成效，需要理论界和实务界给予更多的关注和研究。

　　已有研究多采用司法机关相关课题组已公布的局部性统计数据，既缺乏对有效判决书的大样本研究，也缺乏对犯罪地域间量刑均衡问题的比较研究。本书采用大样本判决书的统计分析，通过地域之间、个罪之间的实证比较，借助多种统计分析工具，综合运用多种实证研究方法，深入分析贪污受贿犯罪量刑失衡现象的特征、各种决定性变量及影响力大小，观察到了一些以往研究没有提出的问题和现象，为本书的结论提供科学的检验依据。本书选取北京、广州、成都、甘肃四地在《刑法修正案（九）》（以下简称"刑九"）适用以前678件贪污受贿犯罪生效判决书以及"刑九"适用以后100件贪污受贿犯罪生效判决书，共计778件生效判决书，综合运用stata软件计量分析等多种实证研究方法，通过建立模型、统计变量、分析结果发现：①"刑九"适用之前贪污受贿犯罪量刑呈现"轻缓化、失衡化、不公化、低效化"四个方面的特点。具体表现为量刑轻缓化和量刑情节适用偏差、"量刑扎堆"造成刑罚阶梯效应失灵、区域量刑差异、两罪量刑差异等现象。②从全国各级检察机关立案及统计数据来看，贪污罪立案数量逐年下降，受贿罪立案数量逐年上升，这提示我们注意思考贪污受贿犯罪数量变化背后的深层次原因以及相应的刑事政策调整方略。③贪污受贿犯罪量刑地区差异明显，犯罪数额与地区经济发达程度存在显著的正相关关系；经济越活跃越发达，相同数额量刑越轻，呈负相关关系。在贪污受贿实际量刑结果中，数额因素占绝对权重且与时间呈线性关系，是否自首、坦白、退赃对量刑亦有较大影响。④"刑九"及相关司法解释的修改部分解决了贪污受贿犯罪量刑失衡问题，但仍遗留许多问题。尚有定罪起点数额提高不够（1万元到3万元的定罪起点数额提高不足）、量刑轻缓化、从轻情节评价过度、从重情节评价不足；提高第三档量刑数额但未扩大刑罚幅度，还是容易造成"量刑扎堆"现象，导致罪刑不均衡；全国统一数额标准没有顾及贪污受贿犯罪量刑的地区差异；数额与情节关系不清，带来进一步的司法适用问题；情节规定不合理，数额、情节的调节幅度不明确；贪污罪与受贿罪适用同一刑罚标准，不符合罪刑相当原则等问题尚未完全解决。

域外量刑均衡理论与实践为本书提供了可资借鉴的经验。比较域外量刑均衡实践的传统自由裁量型模式、指南型模式以及信息应对型模式的优缺点，未来量刑均衡制度发展的趋势应是三种模式的融合，既要确立基准刑、量刑因素与量刑的对应

前　言

关系以及量刑情节适用指南，也要在特殊案件中赋予法官更多的自由裁量权，避免机械司法，还要充分利用现代信息技术、大数据技术建立海量案例数据库、类案参考系统，为法官均衡量刑提供技术帮助。

贪污贿赂犯罪量刑失衡现象由多种复杂因素叠加而成，立法上固定数目字的定罪量刑标准、量刑数额起点低、容纳金额空间大、有期徒刑刑期过短，司法上身份特权的法文化传统、政策与案外因素，经济发展的区域差异较大，贪污罪与受贿罪之间的结构差异等共同所致。在量刑均衡理论指导与实践模式选择的基础上，本书提出如下构建贪污受贿犯罪量刑均衡机制的方案：

1. 建立贪污受贿犯罪入罪数额标准的动态调整机制。可以考虑每隔五年启动一次立法评估，由最高立法机关、最高司法机关联合起来对五年来的经济发展、币值变动情况以及对贪污受贿案件量刑情况进行实证调研，以国家职工年平均工资等经济指标为调整依据，确定是否应当提高入罪数额标准以及具体提高到多少。

2. 确立贪污受贿犯罪量刑数额标准的区域均衡机制。可以借鉴《国家赔偿法》的立法方式，以省级行政区划为单位，采取"各省统一经济指标（城镇居民人均可支配收入或职工年平均工资）"乘以倍数的方式。同样也是每隔五年启动一次立法评估，在实证调研基础上确定是否需要调整。

3. 加重生刑，完善贪污受贿犯罪的刑罚结构。将有期徒刑的上限提高到20年，这样仅考虑有期徒刑的话，贪污受贿犯罪的三档刑罚分别为3年以下，3年以上不满10年，10年以上（上限到20年）。刑罚格差合理，有充足空间容纳、对应等差较大的犯罪数额。

4. 重构数额与情节关系，确立贪污受贿犯罪量刑规范化指导意见。重新界定数额、情节在贪污受贿犯罪定罪量刑中的作用；增加受贿罪反映"渎职情况"的非数额情节作为定罪量刑依据的权重；将普通量刑情节与作为责任评价指标的加重情节相区分；扩大受贿罪中作为降格定罪或升格量刑情节的类型；明确数额对刑罚的调节幅度；确立犯罪数额与作为降格定罪或升格量刑情节竞合时的适用原则；其他常见量刑情节参照《量刑指导意见》的调节方式和调节比例适用。

5. 建立贪污受贿犯罪量刑案例指导、量刑重大差异说理与报告制度。

6. 贪污罪与受贿罪分设刑罚。只考虑数额对应关系的话，受贿罪的法定刑可以设计成比贪污罪法定刑重一年。

目 录

前　言 ·· (001)

导　论 ·· (001)
 一、问题的提出 ··· (001)
 二、研究现状述评 ·· (004)
 三、研究思路、方法、创新之处 ····································· (010)

第一章　贪污受贿犯罪量刑失衡问题的实证分析 ········· (016)
 第一节　"刑九"施行以前贪污受贿犯罪量刑情况
    实证分析 ·· (016)
 一、基本统计分析 ·· (016)
 二、模型与方法 ··· (018)
 三、计量结果 ·· (020)
 第二节　"刑九"施行以前贪污受贿犯罪量刑失衡
    的现象表征 ·· (039)
 一、贪污受贿犯罪量刑的轻缓化与量刑情节

适用偏好 …………………………………………（039）
　二、贪污受贿犯罪"量刑扎堆"造成的刑罚阶梯效
　　　应失灵 ……………………………………………（054）
　三、贪污受贿犯罪量刑的地区差异 …………………（056）
　四、贪污罪与受贿罪之间的量刑差异 ………………（062）
　第三节 "刑九"对贪污受贿犯罪量刑失衡的
　　　　　纠偏与不足 …………………………………（066）
　一、纠偏："刑九"的修改与完善 ……………………（066）
　二、不足："刑九"仍存在的问题 ……………………（069）
　第四节 小结：贪污受贿犯罪发案态势与量刑问题………（074）

第二章 贪污贿赂犯罪量刑失衡原因的多维解读 …………（078）
　第一节 立法层面的原因 …………………………………（078）
　一、贪污受贿犯罪定罪量刑标准的历史演进 …………（078）
　二、立法上固定数目刑的定罪数额标准相对于经济
　　　发展的滞后性 …………………………………（083）
　三、立法上单一数额标准与刑罚结构问题导致量刑
　　　失衡 ……………………………………………（085）
　第二节 司法实践层面的原因 ……………………………（086）
　一、历史文化传统 ………………………………………（086）
　二、司法政策与案外因素 ………………………………（089）
　第三节 经济发展的区域差异 ……………………………（093）
　一、经济发展的地区差异 ………………………………（093）
　二、经济发展不平衡与量刑相关性 ……………………（094）
　第四节 个罪之间的结构差异 ……………………………（096）

一、贪污罪与受贿罪的犯罪结构差异 …………………（096）

二、贪污罪与受贿罪的发案率差异 …………………（097）

三、小结 ………………………………………………（106）

第五节 小结 ……………………………………………（106）

第三章 量刑基本原理与量刑均衡理论的学理阐释 ……（108）

第一节 刑罚的正当化根据 ……………………………（108）

一、报应刑论（绝对主义）……………………………（109）

二、预防刑论（相对主义）……………………………（111）

三、折中刑论（并合主义）……………………………（114）

四、本书的立场与选择 …………………………………（115）

第二节 量刑公正与量刑失衡 …………………………（116）

一、量刑公正及其要求 …………………………………（117）

二、量刑失衡及其原因 …………………………………（119）

第三节 量刑方法与规范化量刑 ………………………（121）

一、量刑方法述评与选择 ………………………………（121）

二、量刑规范化改革及其评价 …………………………（126）

第四节 量刑基准、量刑情节与量刑程序改革 ………（132）

一、量刑基准 ……………………………………………（132）

二、量刑情节 ……………………………………………（134）

三、量刑程序改革 ………………………………………（136）

第五节 小结 ……………………………………………（138）

第四章 域外量刑模式及贪污受贿犯罪量刑标准比较研究 ……………………………………………（140）

第一节 域外量刑模式与量刑均衡实践比较研究 ……（140）

一、美国的量刑指南模式与发展趋势 …………… (140)
二、德国的自由裁量模式与量刑标尺 …………… (151)
三、苏格兰、加拿大、澳大利亚的信息应对模式
　　与量刑特点 …………………………………… (157)
第二节　域外贪污受贿犯罪的定罪量刑标准 …… (162)
一、英美法系贪污受贿犯罪定罪量刑标准立法规定 … (162)
二、大陆法系贪污受贿犯罪定罪量刑标准立法规定 … (164)
第三节　小　结 …………………………………… (165)

第五章　贪污受贿犯罪量刑均衡机制规范构建 ………… (168)
一、建立贪污受贿犯罪入罪数额标准的动态
　　调整机制 ……………………………………… (168)
二、确立贪污受贿犯罪量刑数额标准的区域
　　均衡机制 ……………………………………… (171)
三、加重生刑，完善贪污受贿犯罪的刑罚结构 ……… (174)
四、重构数额与情节关系，确立贪污受贿犯罪
　　量刑规范化指导意见 ………………………… (175)
五、建立贪污受贿犯罪量刑案例指导、量刑重
　　大差异说理与报告制度 ……………………… (178)
六、贪污罪与受贿罪分设刑罚 …………………… (180)

结　语 …………………………………………… (183)

主要参考文献 …………………………………… (185)

导 论

一、问题的提出

中国历代的财产犯罪，皆以赃物的多少与价值的高低作为定罪量刑的依据，谓之"计赃定罪"。[1] 在我国现行刑事立法与司法解释中，以犯罪数额作为定罪量刑依据或者主要依据的罪名超过 100 个。与人身犯罪中轻伤、重伤、死亡这些责任轻重量化标准的相对确定性不同，犯罪数额的价值易变性为财产犯罪带来量刑均衡的难题。价值与刑罚的对应难题体现在三个维度：①时间维度。十年前的 5 万元与今日的 5 万元所体现的财产价值和社会危害明显不相同。②空间维度。贫困山区的 5 万元和一线城市的 5 万元所体现的财产价值和社会危害亦大有区别。③情节维度。较之人身犯罪，财产犯罪的应受谴责程度更容易受到犯罪数额以外的其他情节影响，比如动机、追赃挽损情况。典型的例子是为母亲治病盗窃 5 万元与为追求个人享受盗窃 5 万元的责任亦不相同。

作为财产犯罪中裁判最易受到案外因素影响的一类，贪污受贿犯罪量刑失衡问题普遍且突出，这是由经验观察并经各地、

---

[1] （清）沈家本：《历代刑法考》（二），邓经元、骈宇骞点校，中华书局 1985 年版，第 1019~1025 页。

各级司法机关统计数据证实的特征化事实。[1]最高人民法院自2008年以来推行量刑规范化改革，对部分常见犯罪如何确定量刑起点、加减基准刑作出了规定，但是对社会反映强烈的贪腐案件量刑不均衡问题却始终没有回应。为解决"实践中难以根据贪贿案件的不同情况做到罪刑相适应，量刑不统一"[2]的问题，2015年底施行的《刑法修正案（九）》（以下简称"刑九"）对贪污受贿犯罪作出重大调整，将沿用18年之久的贪污受贿"具体数额"的定罪量刑模式修改为"概括数额+弹性情节"的定罪量刑模式，最高人民法院与最高人民检察院联合发布的《关于办理贪污贿赂刑事案件适用法律若干问题的解释》（以下简称《解释》）将数额与情节进一步具体化，以期规范统一贪污受贿犯罪的刑罚适用。总体而言，应当给予"刑九"和《解释》积极与肯定的评价。对贪污受贿罪的规定采取以犯罪数额为主，辅之以情节的方法，对于保证贪污受贿罪的定罪正确、量刑均衡具有重要意义。[3]但也不能否认，新立法和司法解释的许多规定还比较粗疏，在理解和适用上很值得仔细研究。[4]比如，如何确定贪污受贿犯罪定罪量刑数额的实质根据？[5]如何

---

[1] 已有许多研究都证实了这一现象的存在（具体请参见下文综述部分），并且得到了立法机关的承认。

[2] 参见李适时："关于《中华人民共和国刑法修正案（九）（草案）》的说明"，载 www.npc.gov.cn/wxz/gongbao/2015-11/06/content_1951884.htm，2018年6月6日访问。

[3] 陈兴良："贪污贿赂犯罪司法解释：刑法教义学的阐释"，载《法学》2016年第5期。

[4] 周光权："论受贿罪的情节——基于最新司法解释的分析"，载《政治与法律》2016年第8期。

[5] 陈兴良："贪污贿赂犯罪司法解释：刑法教义学的阐释"，载《法学》2016年第5期。

处理数额与情节"模糊不清"的关系？[1]"刑九"与《解释》的修改是否契合实践地解决了贪污受贿犯罪量刑的"痛点"问题？

贪污受贿犯罪"量刑优待和量刑失衡"现象关系到司法权威和反腐败整体成效，对公信力的潜在影响不仅及于司法领域，还将波及更广范围的社会和政治范畴。量刑失衡、量刑均衡作为量刑结果呈现的一种现象，是在案件比较的层面上体现出的。量刑均衡是法正义的基本要求，实现的是判例法上所谓的"法律比较正义"，法官们对既定法律案件类型的每一个个例给予相同的处理，在个案处理结果的比较中彰显出法律的正义。[2]量刑均衡亦是罪责刑相适应原则、适用刑法人人平等原则等刑法基本原则衍生的一项刑法原则。失衡的量刑必然意味着有人被"重罚"或者"轻纵"，有人罚不当其罪，有人受到不公正的处遇。贪污受贿犯罪是社会高度关注，具有高度敏感性的一类案件。贪污受贿犯罪量刑均衡对于惩治打击腐败、有效预防犯罪、尊重保障人权、维护司法公信、巩固执政权威具有重要意义。

量刑是刑事司法中一个复杂的领域，在理论、规范、经验、方法等层面都存在较大争议。对贪污受贿犯罪量刑失衡问题仅从"法教义学上反思"[3]是不够的，需要通过实证地观察现象，透视量刑的真正问题，准确号脉才能做到对症下药。实证研究方法在犯罪学领域被广泛运用，它在刑事立法论、解释论中同样有着重要的地位和作用，尤其是在量刑领域，这可能是

---

[1] 孙国祥："贪污贿赂犯罪刑法修正的得与失"，载《东南大学学报（哲学社会科学版）》2016年第3期。

[2] [美]杰弗里·布兰德：《法治的界限：越法裁判的伦理》，娄曲亢译，中国人民大学出版社2016年版，第256页。

[3] 车浩："刑事立法的法教义学反思——基于《刑法修正案（九）》的分析"，载《法学》2015年第10期。

刑法学研究中经常被忽视的一点。本书通过选取贪污受贿犯罪大样本判决书中可能引起量刑不均衡的各种变量进行实证研究,深入挖掘修法前后贪污受贿犯罪量刑的核心问题与症结所在,试图分析并回答以下问题:

(1) 贪污受贿犯罪量刑失衡的具体表征是什么?是否与经验上观察到的现象相一致?

(2) 实践中哪些因素实际影响了贪污受贿犯罪的量刑?各因素的影响力大小?

(3) 贪污受贿犯罪是否存在地区间的量刑差异,如何评价和理解这种差异?

(4) 贪污罪、受贿罪两罪名之间是否存在量刑差异?如何评价和理解这种差异?在刑事立法和刑事政策层面应当如何调整和回应?

(5) 如何从立法、司法的视角检视贪污受贿犯罪的刑罚适用效果?造成贪污受贿犯罪量刑失衡问题的原因可能有哪些?

(6) "刑九"和《解释》所做的修正能否彻底解决这些问题?新的规定在解释与适用过程中可能遇到什么新的问题?如何根据旧法在实践中的贯彻实施效果评判和调整新的立法?

(7) 如何确立贪污受贿犯罪的量刑均衡机制和公正审判模型?

二、研究现状述评

(一) 理论上就克服量刑偏差问题付出的努力

自20世纪80年代始,我国刑法学界围绕如何克服量刑偏差这一"世界难题"[1]做了大量研究工作,取得丰硕成果。部分

---

[1] 参见赵廷光:"克服量刑偏差为什么会成为世界难题",载《检察日报》2004年10月20日。

学者更是采用了实证性研究方法来探索量刑规律，并协助最高人民法院制定了在全国施行的《量刑指导意见》（苏惠渔，1989年；赵廷光，2005年；白建军，2004年、2008年、2011年）。其中，以赵廷光教授和白建军教授的研究最有价值，也最具开拓性。

赵廷光教授早在30年前就开始研究运用人工智能技术解决量刑公正的问题，并着手研制人工智能软件——电脑量刑辅助系统。他首先提出对犯罪情节"两次评价五级划分法"，通过评价犯罪情节分量"等级"和处罚轻重"程度"实现定量分析，使较宽的量刑幅度压缩为相对较窄的幅度，取其中间线作为量刑的最佳适度，从而避免量刑畸轻畸重的错误。[1]后又提出建立量刑情节分类统计表，采取定性与定量相结合的分析方法，对案件确有的每个量刑情节进行理性评价，并用一定的积分表达出来，使其与量刑空间刻度按一比一发生对应关系，从而避免量刑偏差，实现量刑的公正性、透明性和诉讼高效。[2]赵廷光教授作为"第一个吃螃蟹的人"，其研究自问世以来不断遭受质疑。而就今天人工智能技术蓬勃发展被广泛运用到各行各业并有着良好预期，人工智能协助检察院、法院办案系统被中央政法委在新一轮司法改革中大力推广应用的情形来看，其研究无疑具有超越学者所处时代的敏锐学术洞察力和前瞻性。实践中，"智能辅助量刑裁决系统""同案不同判预警系统"已开始推广应用，并起到了积极的作用。当然，关于人工智能辅助定罪量刑可能存在的机械司法等方面的质疑和争论还将继续存在，

---

[1] 参见赵廷光："《电脑辅助量刑系统》的一般原理"，载《中国法学》1993年第5期。

[2] 参见赵廷光："论'电脑量刑'的基本原理"，载《湖北警官学院学报》2007年第2期。

有关的研究也需要进一步深化和拓展。

白建军教授是运用计量统计学对大样本判决书进行实证研究的先行者。他受最高人民法院量刑规范化改革项目组邀请,与该项目组合作对量刑改革试点进行实证研究,以21个省市77家法院7万多涉及法院量刑规范改革的15个试点罪名刑事判决书为样本进行观察,得出裸刑均值普遍低于法定刑中线的结论,进而提出用裸刑均值作为第三方参照系的隐性基准帮助法官量刑,规范法官量刑,从而尽可能地缩小量刑偏差,控制量刑的离散性程度。[1]白建军教授有关量刑问题的实证研究揭示了人们在理论与经验背后忽略的现象,对于后来者对个罪量刑问题的研究具有方法论意义上的重要启发价值。

(二)学界对贪污受贿犯罪量刑问题的研究情况

学界对贪污受贿犯罪量刑问题的关注相对较晚,成果也相对较少。最高人民法院出台的《关于常见犯罪的量刑指导意见》也没有对贪污受贿犯罪的量刑标准作出规定。现有文献对于贪污受贿犯罪量刑问题的研究主要从以下几方面展开:

第一,多数学者分析了"刑九"以前贪污受贿罪法定量刑标准存在的缺陷,并提出了相应的完善建议(刘生荣、胡云腾,1999年;梁根林,2001年;肖中华,2003年;詹复亮,2008年;王秀梅,2009年;张智辉,2009年;戴玉忠,2010年;于志刚,2011年;孙国祥,2014年;高铭暄,2015年;赵秉志,2015年)。这些建议部分进入立法者的视野,促成了"刑九"和《解释》对贪污受贿犯罪定罪量刑标准的完善。

第二,部分学者指出了实践中贪污受贿罪量刑明显失衡,尤其是量刑轻缓化问题十分严重,并提出要设定统一的量刑标准

---

[1] 参见白建军:"裸刑均值的意义",载《法学研究》2010年第6期。

（刘欣，1999年；朱妙，2004年；孙国祥，2009年、2011年）。

第三，部分学者从个案的视角，分析了贪污受贿罪的认定与刑罚裁量问题，并提出要构建贪污受贿罪量刑平衡机制（郭复彬，2012年；陈兴良，2013年）。

第四，少数学者用实证方法确证了贪污受贿罪量刑实践中存在严重偏差（宋云苍，2007年；谢晓伟，2011年；林竹静，2014年；景景、王剑波，2015年、2016年）。其中，景景博士和王剑波博士运用统计学数学模型分析的方法对大样本判决书反映的相关量刑信息进行定量分析，通过实证数据揭示出受贿罪量刑实践中确实存在不均衡问题，在结论上和方法上都有着重要的价值。

从上述研究成果看：①研究方向主要集中在贪污受贿罪法定量刑标准的完善等方面，这些成果对于预防和惩治腐败犯罪具有重要意义，对于推动"刑九"修改贪污受贿犯罪量刑标准起到了重要作用。②这些研究在研究角度、方法、样本上各有不同，但得出的结论大同小异，都在不同程度验证了贪污受贿犯罪的量刑不均衡问题。③大部分研究仍存在一些不足之处，主要是许多研究成果忽视实证研究方法的运用，且极少关注到贪污受贿罪地区之间的量刑差异与量刑不均衡问题。

（三）述评

1. 总体述评

现有研究在一定程度上揭示出贪污贿赂犯罪量刑"轻缓化、失衡化、不公化、低效化"的问题，并从立法和司法两个层面探寻原因及对策，为后来的研究奠定了基础，但仍有进一步改善的空间：

第一，已有实证研究以"职务犯罪"为统计口径的居多，以"贪污贿赂犯罪"为统计口径的较少。"职务犯罪"包括腐败型和渎职侵权型两类,对职务犯罪量刑问题的实证研究不能反映贪污贿赂犯罪的全貌。

第二,以此问题为对象的研究实证数据陈旧且雷同,对现象总结不够细致、具体和深入。现有研究多采用司法机关相关课题组已公布的局部性统计数据,既缺乏对有效判决书的大样本实证研究,也缺乏对犯罪地域间与犯罪类型间量刑均衡问题的比较研究。

第三,现有追因求果的研究过于概括与宏观,既缺乏从法社会学(量刑中的身份优待与歧视)以及制度经济学(刑罚成本与收益)等多学科的深度解读,也缺乏从量刑原理与规律系统性的制度构建。因而难以在实证基础上确立科学的贪污贿赂犯罪量刑均衡机制。

第四,对域外量刑均衡问题实证研究经验的比较借鉴不足。域外学者多是在整体刑法学视野下,对个罪量刑失衡问题通过实证研究结论检验基本理论的模式展开,进而比较各种相互竞争的量刑理论模式的理论说服力与实践效果。国内鲜有对这些内容的追踪和研究。

2. 具体评论

"刑九"以前的许多研究运用实证方法从不同角度、在不同程度上揭示了贪污受贿犯罪的量刑失衡问题。这些研究给予我们许多有益的启发和参考,向我们展示了实证研究的价值。量刑是受多种因素叠加影响的复杂活动,对量刑效果的实证研究存在统计难、归因难、解释难、定性难等问题。定量研究很难做到像定性研究那样逻辑严谨、论证充分、观点自洽。现有研究或多或少在方法上稍显单一或者结论上稍显模糊。

(1)有的研究通过对一些个案特征化事实的分析来说明贪

污贿赂案件的量刑失衡乱象。[1]这些个案从全国各地的案例中随机地选取，按照这个思路，从全国各地选取出几十上百个抢劫罪量刑存在问题的案例也不成问题，这种方法难以得出普遍意义上的结论。

（2）有的研究通过对部分高官贪腐案件量刑问题的分析来说明贪污受贿犯罪量刑"宽严失据"。[2]就样本范围而言，这只代表了高官这一特定群体贪污受贿犯罪的量刑问题。况且这类案件相对而言具有特殊性，对其查处避免不了政治因素、社会因素的考量。因此，尽管研究揭示出一些问题，也难言贪污受贿犯罪量刑总体宽严失据。

（3）有的研究从全国各省随机抽取一定数量的案例，以犯罪数额与刑罚的对应关系来说明贪污受贿犯罪量刑失衡问题。[3]样本数量虽广，但仅用数额大小对比刑罚轻重，忽略了其他法定、酌定情节对于量刑的调节作用。对于贪贿犯罪这种数额犯，不同地区可能实际上在适用不同的定罪量刑标准。将不同地区的案例随机抽取集中统计，不能说明量刑不统一是地区间经济发展程度不同或其他原因导致的客观性的量刑差异，还是不同地区选择性偏好或者其他原因造成的主观性的量刑偏差。

（4）有的研究以地理上的东北、华北、华东、华中、华南、西南、西北七大区域作为抽样分类根据，通过筛选变量做回归

---

[1] 参见孙国祥："宽严皆失：贪污贿赂犯罪的量刑失衡之乱象及纾解"，载《甘肃政法学院学报》2009年第6期。

[2] 参见孙国祥："受贿罪量刑中的宽严失据问题——基于2010年省部级高官受贿案件的研析"，载《法学》2011年第8期。孙超然："论贪污罪、受贿罪中的'情节'——以高官贪腐案中裁判考量因素的实证分析为切入点"，载《政治与法律》2015年第10期。蒋太珂、彭文华："量刑应实行定量与自由裁量并行——以贪污、受贿罪量刑标准的修改为视角"，载《华东政法大学学报》2016年第2期。

[3] 参见宋云苍："贪污受贿案件量刑均衡问题研究"，载陈兴良主编：《刑事法评论》，北京大学出版社2007年版。

模型检验的方式，认为我国部分地区在受贿罪量刑结果上存在显著差异。[1]笔者赞同其结论，但对其研究方法存有异议。一方面，研究者如果想论证区域发展不平衡导致的量刑结果差异，就要控制每个样本区域内经济发展的相对平衡。七大区域地理位置的分类无法保证这一点。比如同在华南地区，广东、广西两地经济发展差距就很大，就可能存在一地明显拉高另一地，或者一地明显拉低另一地的问题。另一方面，从我国立法和司法解释的先例来看，在需要平衡地区经济发展不均衡确立弹性标准时，都是以省为单位进行区分，比如《国家赔偿法》中的赔偿标准以及司法解释中盗窃罪、诈骗罪等财产犯罪的数额标准。以跨省的更大区域为单位，能否给出针对性的解决方案，标准在各大区域内是否具有普适性？对此有必要进一步展开讨论。

三、研究思路、方法、创新之处

（一）研究思路

本书通过选取贪污受贿犯罪大样本判决书中可能引起量刑不均衡的各种变量进行实证研究，借助实证研究的结论，从实体和程序两个维度，确立影响贪污受贿犯罪量刑失衡的各种决定性变量，构建贪污受贿犯罪的量刑均衡机制和公正审判模型，为贪污受贿犯罪的量刑提供原理、原则、方法和标准方面的指导，为贪污受贿犯罪的刑事审判工作提供参考，为此类犯罪的刑事政策调整提供依据。具体包括五个方面的内容：

第一，贪污受贿犯罪量刑失衡问题的实证分析。本部分研究选取北京、广州、成都、甘肃四地关于贪污受贿犯罪生效裁判文

---

[1] 参见景景：《受贿罪量刑均衡问题研究》，人民法院出版社2015年版，第18~20页。王剑波："我国受贿罪量刑地区差异问题实证研究"，载《中国法学》2016年第4期。

书作为研究样本。其中,既有对四地量刑结果的综合考量,又有对同一地区不同辖区法院量刑结果的分析,还有对同一地区法院不同时期量刑结果的分析。通过实证分析,求证以下问题:①贪污受贿犯罪是否存在量刑失衡问题?②如果有,具体表征是什么?③是否和经验上的判断相一致?④不同地区之间是否存在量刑差异?⑤同一地区(法院)是否存在量刑偏差?⑥哪些因素影响了贪污受贿罪的量刑结果?⑦各因素对量刑结果的影响力大小?

第二,贪污贿赂犯罪量刑失衡原因的多维解读。根据贪污受贿犯罪量刑的特征深入分析原因:①文化层面:从法社会学的角度分析历史和现代社会中身份特权观念如何影响量刑?②刑法规范层面:"刑九"出台以前,贪污受贿犯罪原有数额标准规定的问题如何影响量刑,贪污受贿犯罪原有构成要件和量刑幅度的宽疏如何影响量刑,缓刑、自首等量刑情节规定的模糊如何影响量刑,量刑标准单一如何影响量刑?"刑九"、《解释》的出台解决了哪些问题,规范层面还有什么问题尚未解决?③司法适用层面:身份特权作为"资源"如何不当干扰司法官在贪污贿赂犯罪中刑罚裁量,历史上的经验与教训如何,特殊犯罪证据收集不足如何影响,量刑政策如何影响,"辩诉交易"如何影响?等等。

第三,量刑基本原理与量刑均衡理论的学理阐释。量刑的目标在于追求刑罚的确定性、一致性和公平性。从刑罚根据出发,将贪污、受贿罪量刑划分为责任刑与预防刑这两种类型,依此展开研究,为贪污、受贿罪量刑提供充分的正当性根据。研究需要在刑罚基础理论上廓清,在学说立场上作出选择:①刑罚正当化根据:绝对主义、相对主义与并合主义。②量刑基本原则:遵循责任主义——如何处理好责任刑与预防刑的关系。③量刑基准理论:幅的理论、非对称的幅的理论与点的理论。④罪刑均衡理论:处理好罪刑均衡与刑罚个别化的关系。实际量刑活动中，哪些变量最终决定了量刑不均衡的产生。⑤量刑方法理论：如何科学处理各种从重、从轻、减轻情节的运用，如何量化评估，如何贯彻量刑情节的禁止双重评价原则。⑥量刑程序理论：量刑程序模式；量刑建议；量刑辩护；量刑决策和评议程序；被告人认罪案件与不认罪案件量刑程序。

第四，域外量刑模式及贪污受贿犯罪量刑标准的比较研究。对德国、法国、日本、英国及美国的立法考察，可以看出，大陆法系、英美法系国家在制定贪污、受贿罪的量刑标准时，重视定性描述而无定量限制。换言之，我国关于贪污、受贿罪的罪量要素规定，是我国刑事立法的特色规定，也是我国的特有问题，无法直接从域外研究中找到答案，但是域外刑法理论中关于量刑均衡理论的研究有很多地方可资借鉴。英美法系国家，早在20世纪70年代，就有学者深入分析了各地由于社会、文化、宗教、种族等不同因素所导致的量刑差异问题，并发起了量刑改革运动，提倡均衡量刑理论，美国据此制定实施了量刑指南（现已由强制实施变更为建议适用）。同时可以借鉴大陆法系"点的理论"与"幅的理论"的有益成果，分析贪污、受贿罪的责任刑与预防刑的限制关系及互动影响，将犯罪情节划分为影响责任刑的情节与影响预防刑的情节，在此基础上考察行为人的再犯可能性与预防必要性的大小。德国联邦法院确立的"通常案件"原则，学者通过实证研究得出的"三分之一"量刑标准，以及参照类案的量刑机制，有力地确保了量刑的轻缓化与均衡化，也是值得关注和借鉴的域外经验。苏格兰等地区利用计算机技术推行的量刑信息比对模式，在提倡建设智慧司法、充分运用大数据信息技术的今天更有实践的必要性与可能性。

第五，贪污受贿犯罪量刑均衡机制的规范建构。构建贪污贿赂犯罪量刑均衡机制的具体建议：①研究刑罚必然性和严厉性与贪污贿赂犯罪人犯罪决策之间的关系,为争议较大的贪污贿赂犯罪量刑政策的调整提供经验上的依据。②确立立法控制和司法控制并轨、实体和程序并用的解决路径。在实证研究的基础上完善现行立法规定的贪污贿赂犯罪刑罚制度;通过实证经验的总结制定贪污贿赂犯罪的量刑指南;建立贪污贿赂犯罪量刑案例指导制度;加强检察机关和上级法院对贪污贿赂犯罪的量刑监督;设立相对独立的贪污贿赂犯罪量刑程序;建立严格的贪污贿赂犯罪量刑说理制度;深化司法改革,增强司法官执法办案的独立性和公正性。

(二) 研究方法

本书选取北京、广州、成都、甘肃四地,自2010年至2015年11月1日"刑九"适用以前判决生效的受贿罪557件,贪污罪251件,原始样本共808件;剔除二审或者再审后重复的案件,保留全部为终审判决的有效样本共678件生效判决书,其中贪污罪199件,受贿罪479件。以及"刑九"以后(2016年、2017年)北京地区受贿案件60件,甘肃地区受贿案件40件,计100件。总计778件生效判决书。

鉴于贪污受贿犯罪量刑实证研究的复杂性与困难性,我们在样本和方法选择上采取以下策略:

第一,在样本范围上,主要选取2010年到2015年11月1日"刑九"适用之前五年多的生效判决,以保证一定时间范围内裁判尺度的稳定性。样本选自四个经济发展程度不同、城市规模不同的区域——北京、广州、成都、甘肃,每个区域代表一种类型,北京作为一线城市的代表,广州同时作为一线城市、通商口岸和外贸城市的代表,成都代表二线中等发展城市,甘肃代表西部地区。每个区域选取受贿罪100件左右,贪污罪50件左右。在预设同一区域五年时间内量刑标准与尺度基本一致、不会出现太大波动的前提下，分析量刑的影响因素及影响力大小，以及地区间的量刑差异问题。由于甘肃地区整体经济发展较为均衡，通过现有渠道择取其任一城市案件样本都不足，因此选择甘肃全省范围内五年多的案件作为地区样本进行统计。因受贿罪样本数量更大，一些基本的数据分析以受贿罪为主。样本来自中国裁判文书网以及笔者向基层司法机关获取的可公开的生效裁判文书。

第二，在研究方法上，主要是运用 stata 软件计量分析，通过建立模型、统计变量来分析结果。在一些问题的定性分析上，还会向一线办案人员进行匿名的非正式访谈。[1]除了专业计量软件以外，笔者还会用到一些传统的统计分析方法。

第三，在设计变量和归因分析时，笔者首先考虑的是判决书中已经载明的量刑因素，其次会通过阅读和比较判决书中隐含的但未在裁判说理中明确的量刑情节，最后在归因时还会适当考虑一些案外因素。

第四，笔者原计划将"刑九"适用前与适用后的贪污受贿犯罪裁判文书进行比对，以观察新法的效果。由于"刑九"适用至今时间不长，再加上国家监察委体制改革的因素，笔者能够从公开渠道（中国裁判文书网、北大法宝）获取的适用"刑九"和《解释》的贪污受贿犯罪案件数量太少，比如在写作本书时能够查到的适用"刑九"和《解释》的北京地区受贿罪案件仅 60 件，非公开渠道获取也有较大难度。因此，笔者退而求其次，利用现有能够获得的适用"刑九"和《解释》的 100 件

---

[1] 反贪案件较为敏感，由于纪律性和保密性的要求，笔者在与一线办案的法官、检察官访谈时，通常都会被建议采取非正式、匿名的方式。虽然就实证研究的规范性而言有所欠缺，但从效果来说，通过这种更为坦率的方式获得的信息更加符合我们经验上的判断。

受贿案判决书，采用传统人工的观察、分析和比对的方法，但就结果而言，这并未影响对"刑九"未解决的贪污受贿犯罪量刑问题分析的有效性。在样本充足、条件成熟时，笔者会进一步拓展和深化本书的研究。

（三）本书的创新之处

本书的创新之处在于：

第一，研究思路上的创新。现有对贪污受贿犯罪量刑失衡问题追因求果的研究过于概括与宏观，既缺乏从法社会学（量刑中的身份优待与歧视）以及制度经济学（刑罚成本与收益）等多学科的深度解读，也缺乏从量刑原理与规律系统性的制度构建。本书从观察现象，利用多学科理论分析工具，透过现象分析原因，进而确立贪污受贿犯罪的量刑政策以及量刑均衡机制。

第二，研究角度上的创新。已有实证研究以"职务犯罪"为统计口径的居多，以"贪污贿赂犯罪"为统计口径的较少。"职务犯罪"包括腐败型和渎职侵权型两类职务犯罪，对职务犯罪量刑问题的实证研究不能反映贪污贿赂犯罪的全貌，而且以此问题为对象的研究实证数据陈旧且雷同。本书以贪污受贿犯罪大样本判决书为实证研究对象，以刑法修正为视角，对贪污受贿犯罪量刑均衡机制进行规范构建。

第三，研究方法上的创新。已有研究多采用司法机关相关课题组已公布的局部性统计数据，既缺乏对有效判决书的大样本研究，也缺乏对犯罪地域间与犯罪类型间量刑均衡问题的比较研究。本书采用大样本判决书的统计分析，通过地域之间、类罪之间的实证比较，借助多种统计分析工具，综合运用问卷调查的实证研究方法，深入分析贪污受贿犯罪量刑失衡现象的特征、各种决定性变量及影响力大小，为本书的结论提供科学的检验依据。

第一章
贪污受贿犯罪量刑失衡问题的实证分析

本章是实证研究,选取北京、广州、成都、甘肃四地关于贪污受贿犯罪生效裁判文书作为研究样本。通过实证分析,求证贪污受贿犯罪量刑失衡问题及其具体表征,以及"刑九"修改所作出的完善及不足。

第一节 "刑九"施行以前贪污受贿犯罪量刑情况实证分析

一、基本统计分析

1. 贪污罪

表1 贪污罪量刑

区域	平均值	标准差	样本个数
北京	8.90	6.31	62
广州	4.07	4.02	36
成都	5.05	5.23	51
甘肃	3.03	5.50	50
总体	5.57	5.92	199

表2 贪污罪金额

区域	平均值	标准差	样本个数
北京	350.49	871.40	62
广州	127.79	251.96	36
成都	61.09	134.45	51
甘肃	78.42	404.46	50
总体	167.68	553.08	199

2. 受贿罪

表3 受贿罪量刑

区域	平均值	标准差	样本个数
北京	6.92	5.81	138
广州	4.43	4.37	124
成都	4.46	4.62	117
甘肃	4.50	5.29	100
总体	5.17	5.18	479

表4 受贿罪金额

区域	平均值	标准差	样本个数
北京	200.53	625.08	138
广州	113.69	473.51	124
成都	54.74	164.33	117
甘肃	44.66	224.45	100
总体	109.90	436.67	479

二、模型与方法

1. 模型与变量

基本模型：$Y = a \times X + e$。其中，Y 为贪污罪或受贿罪的量刑结果。同时我们假定缓刑为 0.1 年，无期徒刑为 22 年，死缓为 24 年。[1] X 包括犯罪数额、是否自首、是否坦白、是否立功、是否退赃、是否悔罪、是否共同犯罪（主犯）、是否特定款物、是否实际为他人谋取利益、谋利是否正当、是否造成实际损失、是否索贿、是否有其他犯罪、是否多次贪污或受贿（3 次以上）。

此外，笔者还考虑不同区域是否存在量刑结果的差异。区域 1 为北京，区域 2 为广州，区域 3 为成都，区域 4 为甘肃。同时，笔者还比较了贪污罪与受贿罪的量刑差异，受贿罪为对照组（定义为 0），贪污罪为处理组（定义为 1）。

2. 估计方法

本书主要分析的是北京、广州、成都、甘肃四个区域"刑九"适用以前五年多的贪污和受贿个体数据。从数据类型看，属于截面数据（cross-section data）。计量模型的估计中，最为重要也最为棘手的问题是内生性问题，即误差项（e）与自变量（X）相关，导致估计结果（a）有偏的问题。这个问题在截面数据处理中最为困难。内生性的原因有很多，其中最常见的原因是遗漏变量。影响因变量（Y）的因素（X）有很多，但由于

---

[1] 为做到刑罚数量意义上的比较，与免予处罚、有期徒刑实刑相区分，考虑到判决前实际监禁期限和刑罚执行效果，笔者假定缓刑的刑期为 1 个月。死缓和无期徒刑也可以量化到具体刑期，刑期多少有争议。参见张明楷："死刑的废止不需要终身监禁来替代"，载《法学研究》2008 年第 2 期。笔者采纳了 24 年和 22 年的研究结论，参见邓文莉："'两极化'刑事政策下的刑罚制度改革设想"，载《法律科学》2007 年第 3 期。

第一章 贪污受贿犯罪量刑失衡问题的实证分析

数据采集、变量获取等原因无法穷尽这些变量,无法显性表达的变量就放入误差项（e）中。由于无法显性的变量往往与自变量（X）相关,从而导致估计结果有偏。为此,笔者采取了以下策略：

(1) 数据采集之前,笔者对一线办案人员进行访谈,详细讨论影响贪污罪、受贿罪量刑的各种法定、酌定情节,力求把主要影响因素考虑全面。同时,对在判决书中反映出的,裁判者量刑时已充分考虑但在说理部分没有明示的情节,笔者会在定性分析中进一步比较和说明。

(2) 数据估计中,考虑到各个自变量的相关性不是很大,笔者在计量模型的估计之前没有采取主成分分析或者决策树方法,去筛选出主要的影响变量,而是囊括采集到的所有自变量,直接对模型进行最小二乘估计（OLS）。

用样本信息建立的样本回归函数尽可能"接近"地去估计总体回归函数,有多种估计回归模型参数的方法。最常见的是用估计的剩余平方和的最小的原则确定样本回归函数,称为最小二乘估计（OLS）。

(3) 在上述策略的基础上,为了控制一些与区域相关、无法获取的因素,笔者还使用了区域虚拟变量,从而消除这些与区域相关因素的干扰。笔者还使用贪污罪和受贿罪的虚拟变量,从而控制一些与贪污罪、受贿罪各自相关的因素。

(4) 全部样本统计完成后,再删除免予处罚和缓刑的样本重新进行估计,考察结果的稳健性。

与既有研究相比,笔者的方法力求在自变量中囊括尽可能多的变量,而不是筛选一些变量；同时,还考虑了区域的影响因素,从而降低误差项与自变量的相关性。

三、计量结果

(一) 贪污罪量刑的影响因素分析

通过计量分析,犯罪数额、是否自首、是否坦白、是否退赃、是否有其他犯罪的估计系数显著,这些因素解释了贪污罪量刑的84.5%。犯罪数额每增加1万元,量刑增加2.4%。自首、坦白、退赃、没有其他犯罪要比不自首、不坦白、不退赃、有其他犯罪分别减轻量刑3.3年、2.1年、1.5年、1.8年。

从四个区域的比较看,当控制了犯罪数额、是否自首、是否坦白、是否立功、是否退赃、是否悔罪、是否共同犯罪(主犯)、是否特定款物、是否多次贪污后,不同区域的量刑结果存在一定的差异。如果把北京的量刑结果作为一个基准,笔者发现广州的量刑平均轻1.9年、成都的量刑平均重1.1年,甘肃的量刑与北京没有显著差异。

表5 贪污罪量刑的影响因素分析

	OLS	OLS
log_ 数额	2.365 ***	2.368 ***
	(18.05)	(21.37)
自首	-3.207 ***	-3.278 ***
	(-4.88)	(-5.11)
坦白	-1.476 **	-2.093 ***
	(-2.23)	(-3.21)
立功	-0.430	-1.429
	(-0.31)	(-0.83)
退赃	-1.905 ***	-1.511 **

续表

	OLS	OLS
	(-3.11)	(-2.51)
悔罪	0.0119	0.157
	(0.02)	(0.21)
主犯	-0.0211	0.0481
	(-0.06)	(0.13)
特定款物	0.0536	-0.00715
	(0.13)	(-0.02)
其他犯罪	1.385**	1.839***
	(2.22)	(3.41)
多次	-0.323	-0.138
	(-0.86)	(-0.37)
2. region		-1.876***
		(-3.51)
3. region		1.102**
		(2.21)
4. region		-0.0904
		(-0.15)
_cons	2.074***	1.818**
	(3.20)	(2.55)
N	198	198
R-sq	0.832	0.856
adj. R-sq	0.823	0.845

括号里为 t 统计量， $p<0.1$，** $p<0.05$，*** $p<0.01$。

当笔者将免予处罚和缓刑的样本删除之后，重新进行计量模型估计，发现模型的估计结果稳定。犯罪数额、是否自首、是否坦白、是否退赃、是否有其他犯罪的估计系数显著，这些因素解释了贪污罪量刑的 84.3%。犯罪数额每增加 1 万元，量刑增加 2.4%。自首、坦白、退赃、没有其他犯罪要比不自首、不坦白、不退赃、有其他犯罪分别减轻量刑 3.4 年、2.3 年、1.5 年、1.9 年。

从四个区域的比较看，当控制了各个影响因素后，不同区域的量刑结果存在一定的差异。如果把北京的量刑结果作为一个基准，笔者发现广州的量刑平均轻 1.8 年、成都的量刑平均重 1.2 年，甘肃的量刑与北京没有显著差异。

表6 贪污罪量刑的影响因素分析（扣除免予处罚和缓刑的情形）

	OLS	OLS
log_ 数额	2.370 ***	2.365 ***
	(17.79)	(20.99)
自首	-3.379 ***	-3.437 ***
	(-5.12)	(-5.21)
坦白	-1.608 **	-2.293 ***
	(-2.39)	(-3.37)
立功	-0.499	-1.556
	(-0.35)	(-0.90)
退赃	-1.875 ***	-1.486 **
	(-3.08)	(-2.45)
悔罪	0.162	0.318
	(0.21)	(0.41)

第一章　贪污受贿犯罪量刑失衡问题的实证分析

续表

	OLS	OLS
主犯	-0.0958	0.0245
	(-0.25)	(0.07)
特定款物	0.0968	-0.0145
	(0.23)	(-0.03)
其他犯罪	1.382**	1.929***
	(2.14)	(3.45)
多次	-0.401	-0.227
	(-1.04)	(-0.60)
2. region		-1.839***
		(-3.35)
3. region		1.150**
		(2.27)
4. region		-0.0120
		(-0.02)
_cons	2.121***	1.858**
	(3.26)	(2.58)
N	192	192
R-sq	0.831	0.854
adj. R-sq	0.822	0.843

括号里为 t 统计量， $p<0.1$，** $p<0.05$，*** $p<0.01$。

(二) 受贿罪量刑的影响因素分析

通过计量分析，犯罪数额、是否自首、是否悔罪、是否有其他犯罪的估计系数显著。这些因素解释了量刑结果的83.0%。犯罪数额每增加1万元，量刑增加2.4%。自首、悔罪会减轻量刑1.7年、1.0年，具有其他犯罪会增加量刑1.6年。

从四个区域的比较看，当控制了犯罪金额、是否自首、是否坦白、是否立功、是否退赃、是否悔罪、是否共同犯罪（主犯）、是否实际为他人谋利、是否造成实际损失、是否索贿、是否有其他犯罪、是否多次受贿后，不同区域的量刑结果存在一定的差异。如果把北京的量刑结果作为一个基准，笔者发现广州的量刑平均轻1.5年，成都和甘肃的量刑与北京没有显著差异。

表7 受贿罪量刑的影响因素分析

	OLS	OLS
log_数额	2.418 ***	2.434 ***
	(31.33)	(38.11)
自首	-2.399 ***	-1.749 ***
	(-5.28)	(-4.23)
坦白	0.0361	0.0591
	(0.08)	(0.15)
立功	-0.214	-0.374
	(-0.43)	(-0.75)
退赃	-0.615	-0.666
	(-1.12)	(-1.54)
悔罪	-0.884	-0.969 **
	(-1.62)	(-2.03)
主犯	0.0926	0.0109

续表

	OLS	OLS
	(0.26)	(0.03)
谋利	2.323***	2.292
	(4.56)	(1.04)
正当	1.816**	1.810**
	(2.17)	(2.12)
损失	−0.0895	0.00580
	(−0.35)	(0.02)
索贿	0.471	0.292
	(1.18)	(0.84)
其他犯罪	1.292***	1.572***
	(3.96)	(5.16)
多次	0.167	0.252
	(0.73)	(1.10)
2. region		−1.475***
		(−4.70)
3. region		−0.215
		(−0.74)
4. region		−0.343
		(−1.09)
_cons	−1.524*	−1.273
	(−1.78)	(−0.56)
N	462	462
R-sq	0.827	0.836

续表

	OLS	OLS
adj. R-sq	0.822	0.830

括号里为 t 统计量， p<0.1，** p<0.05，*** p<0.01。

删除免予处罚和缓刑的样本，估计结果依然稳健。犯罪数额每增加 1 万元，量刑增加 2.4%。自首、悔罪会分别减轻量刑 1.9 年、0.8 年，具有其他犯罪会增加量刑 1.6 年。从四个区域的比较看，当控制了各项影响因素后，不同区域的量刑结果存在一定的差异。如果把北京的量刑结果作为一个基准，笔者发现广州的量刑平均轻 1.4 年，成都和甘肃的量刑与北京没有显著差异。

表 8　受贿罪量刑的影响因素分析（扣除免予处罚和缓刑的情形）

	OLS	OLS
log_ 数额	2.438 ***	2.446 ***
	(30.14)	(36.78)
自首	-2.577 ***	-1.923 ***
	(-5.45)	(-4.41)
坦白	-0.0639	-0.0213
	(-0.13)	(-0.05)
立功	-0.205	-0.349
	(-0.39)	(-0.67)
退赃	-0.667	-0.718
	(-1.19)	(-1.60)
悔罪	-0.761	-0.833 *

第一章 贪污受贿犯罪量刑失衡问题的实证分析

续表

	OLS	OLS
	(−1.36)	(−1.67)
主犯	0.0677	−0.00449
	(0.18)	(−0.01)
谋利	2.358 ***	2.355
	(4.39)	(1.05)
正当	1.938 *	2.034 **
	(1.70)	(1.99)
损失	−0.0403	0.0443
	(−0.15)	(0.17)
索贿	0.469	0.292
	(1.13)	(0.81)
其他犯罪	1.357 ***	1.620 ***
	(4.01)	(5.08)
多次	0.218	0.288
	(0.92)	(1.20)
2. region		−1.426 ***
		(−4.42)
3. region		−0.294
		(−0.98)
4. region		−0.332
		(−0.98)
_cons	−1.631 *	−1.382
	(−1.83)	(−0.60)

续表

	OLS	OLS
N	437	437
R-sq	0.822	0.830
adj. R-sq	0.817	0.824

* 括号里为 t 统计量，* p<0.1，** p<0.05，*** p<0.01。

（三）贪污罪与受贿罪量刑的比较

通过计量分析，犯罪数额、是否自首、是否坦白、是否退赃、是否有其他犯罪的估计系数显著，这些因素解释了贪污罪量刑的83.0%。犯罪数额每增加1万元，量刑增加2.4%。自首、坦白、退赃、没有其他犯罪要比不自首、不坦白、不退赃、有其他犯罪分别减轻量刑2.1年、0.5年、1.2年、1.5年。

从四个区域的比较看，当控制了犯罪金额、是否自首、是否坦白、是否立功、是否退赃、是否悔罪、是否是主犯、是否特定款物、是否多次犯罪后，不同区域的量刑结果存在一定的差异。如果把北京的量刑结果作为一个基准，笔者发现广州的量刑平均轻1.5年、成都、甘肃的量刑与北京没有显著差异。

从贪污罪与受贿罪的比较来看，当控制了各个影响因素后，贪污罪的量刑比受贿罪量刑轻0.6年。

表9　贪污罪与受贿罪量刑的影响因素比较分析

	OLS	OLS	OLS
log_ 数额	2.417 ***	2.418 ***	2.433 ***
	(36.54)	(44.26)	(44.53)
自首	-2.703 ***	-2.173 ***	-2.181 ***

第一章 贪污受贿犯罪量刑失衡问题的实证分析

续表

	OLS	OLS	OLS
	(−7.40)	(−6.46)	(−6.51)
坦白	−0.370	−0.482	−0.536 *
	(−1.00)	(−1.51)	(−1.68)
立功	−0.0451	−0.192	−0.329
	(−0.10)	(−0.40)	(−0.68)
退赃	−1.230 ***	−1.171 ***	−1.204 ***
	(−3.00)	(−3.40)	(−3.51)
悔罪	−0.396	−0.496	−0.501
	(−0.86)	(−1.25)	(−1.27)
主犯	−0.157	−0.172	0.0172
	(−0.65)	(−0.79)	(0.08)
其他犯罪	1.246 ***	1.567 ***	1.520 ***
	(4.69)	(6.19)	(6.02)
多次	−0.00972	0.115	0.0628
	(−0.05)	(0.60)	(0.33)
2. region		−1.501 ***	−1.537 ***
		(−5.66)	(−5.81)
3. region		0.205	0.216
		(0.83)	(0.88)
4. region		−0.261	−0.235
		(−1.00)	(−0.90)
1. tanwu			−0.556 ***
			(−2.75)

续表

	OLS	OLS	OLS
_cons	1.295***	1.403***	1.588***
	(3.36)	(3.76)	(4.21)
N	676	676	676
R-sq	0.821	0.832	0.833
adj. R-sq	0.818	0.829	0.830

括号里为t统计量， $p<0.1$，** $p<0.05$，*** $p<0.01$。

删除免予处罚和缓刑的样本，发现计量结果依然稳健。犯罪数额、是否自首、是否坦白、是否退赃、是否有其他犯罪的估计系数显著。犯罪数额每增加1万元，量刑增加2.4%。自首、坦白、退赃、没有其他犯罪要比不自首、不坦白、不退赃、有其他犯罪分别减轻量刑2.4年、0.6年、1.3年、1.6年。

从四个区域的比较看，当控制了各个影响因素后，不同区域的量刑结果存在一定的差异。如果把北京的量刑结果作为一个基准，笔者发现广州的量刑平均轻1.5年、成都、甘肃的量刑与北京没有显著差异。

从贪污罪与受贿罪的比较看，当控制了各个影响因素后，贪污罪的量刑比受贿罪量刑轻0.5年。

表10　受贿罪量刑的影响因素比较分析（扣除免予处罚和缓刑的情形）

	OLS	OLS	OLS
log_数额	2.435***	2.429***	2.441***
	(35.41)	(42.99)	(43.21)
自首	-2.892***	-2.357***	-2.352***

第一章 贪污受贿犯罪量刑失衡问题的实证分析

续表

	OLS	OLS	OLS
	(-7.60)	(-6.66)	(-6.67)
坦白	-0.463	-0.569*	-0.622*
	(-1.20)	(-1.70)	(-1.86)
立功	-0.104	-0.245	-0.370
	(-0.22)	(-0.49)	(-0.74)
退赃	-1.278***	-1.231***	-1.264***
	(-3.11)	(-3.49)	(-3.59)
悔罪	-0.250	-0.349	-0.351
	(-0.54)	(-0.85)	(-0.86)
主犯	-0.175	-0.181	-0.00857
	(-0.69)	(-0.80)	(-0.04)
其他犯罪	1.297***	1.617***	1.575***
	(4.74)	(6.12)	(5.97)
多次	-0.00709	0.110	0.0595
	(-0.04)	(0.55)	(0.30)
2. region		-1.426***	-1.470***
		(-5.22)	(-5.40)
3. region		0.174	0.184
		(0.69)	(0.73)
4. region		-0.260	-0.224
		(-0.93)	(-0.81)
1. tanwu			-0.511**
			(-2.44)

续表

	OLS	OLS	OLS
_cons	1.263***	1.394***	1.571***
	(3.22)	(3.65)	(4.06)
N	643	643	643
R-sq	0.817	0.827	0.828
adj. R-sq	0.814	0.823	0.825

括号里为 t 统计量， $p<0.1$，** $p<0.05$，*** $p<0.01$。

(四) 以受贿罪为样本具体刑罚样态的分布与统计

（1）在 479 件受贿案件中，具有自首情节的，共 203 件；具有坦白情节的，共 207 件；具有立功情节的，共 22 件；具有退赃情节的，共 426 件；具有悔罪情节的，共 422 件；具有实际为他人谋取利益要件的，共 462 件；所谋利益正当的，只有 7 件；具有实际造成损失情节的，共 112 件；具有索贿情节的，共 51 件；有其他犯罪的，共 76 件；多次受贿的，共 297 件。

表 11　各量刑情节受贿罪样本中所占比例

自首		坦白		立功		退赃		悔罪		实际为他人谋取利益		造成实际损失		索贿		有其他犯罪		多次受贿（3次以上）	
203	42.38%	207	43.21%	22	4.59%	426	88.94%	422	88.10%	462	96.45%	112	23.38%	51	10.65%	76	15.87%	297	62.00%

（2）在 479 件受贿案件中，判处免予处罚的案件，共有 27 件。判处缓刑的案件，共有 128 件。不需要判实刑的共计 155 件。判处 3 年以下有期徒刑的，共有 57 件。判处 3 年以上（不

第一章 贪污受贿犯罪量刑失衡问题的实证分析

含3年)不满5年有期徒刑的,共有6件。判处5年以上不满10年有期徒刑的,共有132件;其中,判处5年有期徒刑的,共有44件。判处10年以上有期徒刑的,共有118件;其中,判处10年有期徒刑的,共有50件。判处无期徒刑的,共有7件。判处死缓的,共有4件。

北京地区138件受贿案件,判处免予处罚的,共有1件。判处缓刑的共有22件。不需要判处实刑的,共计23件。判处3年以下有期徒刑的,共有26件。判处3年以上(不含3年)不满5年有期徒刑的,共1件。判处5年以上不满10年有期徒刑的,共有33件;其中,判处5年有期徒刑的,共有9件。判处10年以上有期徒刑的,共有48件;其中,判处10年有期徒刑的,共有22件。判处无期徒刑的,共有4件。判处死缓的,共有3件。

成都地区117件受贿案件,判处免予处罚的,共有5件。判处缓刑的共有42件。不需要判处实刑的,共计47件。判处3年以下有期徒刑的,共有11件。判处3年以上(不含3年)不满5年有期徒刑的,共3件。判处5年以上不满10年有期徒刑的,共有27件;其中,判处5年有期徒刑的,共有7件。判处10年以上有期徒刑的,共有29件;其中,判处10年有期徒刑的,共有9件。判处无期徒刑的,共有0件。判处死缓的,共有0件。

甘肃地区100件受贿案件,判处免予处罚的,共有20件。判处缓刑的共有27件。不需要判处实刑的,共计47件。判处3年以下有期徒刑的,共有6件。判处3年以上(不含3年)不满5年有期徒刑的,共1件。判处5年以上不满10年有期徒刑的,共有17件;其中,判处5年有期徒刑的,共有9件。判处10年以上有期徒刑的,共有27件;其中,判处10年有期徒刑的,共有13件。判处无期徒刑的,共有1件。判处死缓的,共有1件。

广州地区 124 件受贿案件，判处免予处罚的，共有 1 件。判处缓刑的共有 37 件。不需要判处实刑的，共计 38 件。判处 3 年以下有期徒刑的，共有 14 件。判处 3 年以上（不含 3 年）不满 5 年有期徒刑的，共 1 件。判处 5 年以上不满 10 年有期徒刑的，共有 55 件；其中，判处 5 年有期徒刑的，共有 19 件。判处 10 年以上有期徒刑的，共有 14 件；其中，判处 10 年有期徒刑的，共有 5 件。判处无期徒刑的，共有 2 件。判处死缓的，共有 0 件。

表12 各地区受贿案件量刑分布

	免处与缓刑	3年以下有期徒刑（含3年）	4年有期徒刑	5年以上不满10年	5年（在5到10年之间的占比）	10年以上有期徒刑	10年（在10年以上的占比）	无期	死缓
北京（138）	23	16.67%	26	18.84%	1	0.72%	33	9（27.27%）	48	34.78%	22（45.83%）	4	3
广州（124）	38	30.65%	14	11.29%	1	0.8%	55	19（34.54%）	14	11.29%	5（35.71%）	2	0
成都（117）	47	40.17%	11	9.4%	3	2.56%	27	7（25.92%）	29	24.79%	9（31.03%）	0	0
甘肃（100）	47	47%	6	6%	1	1%	17	9（52.94%）	27	27%	13（48.15%）	1	1
总计（479）	155	32.36%	57	11.9%	6	1.25%	132	44（33.3%）	118	24.63%	49（41.53%）	7	4

（3）在 479 件受贿案件中，判处免予处罚和缓刑的案件中，最大数额为 12.1 万元，最小数额为 0.6 万元，平均数额为 3.82

第一章 贪污受贿犯罪量刑失衡问题的实证分析

万元。判处 5 年以下有期徒刑的（实刑，不含 5 年），最大数额为 70 万元，最小数额为 0.5 万元，平均数额为 5.70 万元。判处 5 年以上不满 10 年的，最大数额为 558.40 万元，最小数额为 4 万元，平均数额为 51.64 万元。判处 10 年以上有期徒刑的，最大数额为 1800 万元，最小数额为 5 万元，平均数额为 168.36 万元。判处无期徒刑的，最大数额为 4970 万元，最小数额为 440 万元，平均数额为 1726.70 万元。判处死缓的，最大数额为 4023.44 万元，最小数额为 2000 万元，平均数额为 3230.86 万元。

表 13 各地区受贿案件刑期对应数额统计

总计	免处和缓刑（万元）			5年以下有期徒刑（实刑，不含5年）（万元）			5年以上不满10年有期徒刑（实刑，不含5年）（万元）			10年以上有期徒刑（万元）			无期徒刑（万元）			死缓（万元）		
	最大数额	最小数额	平均数额	最大数额	最小数额	平均数额	最大数额	最小数额	平均数额	最大数额	最小数额	平均数额	最大数额	最小数额	平均数额	最大数额	最小数额	平均数额
北京（138）	9.5	1	3.51	20	0.72	4.35	330	5.09	68.01	1800	10	189.31	2488.78	600	1357.23	4700	2000	3574.48
广州（124）	12.1	0.7	6.18	70	1.4	10.26	421.15	5	60.24	1200	12.6	298.22	4970	1250	3110	无	无	无
成都（117）	6.8	0.79	2.91	9.5	0.8	4.17	558.40	5	37.74	1210	10.4	179.98	无	无	无	无	无	无
甘肃（100）	8	0.6	2.97	39.5	1	11.33	39.5	4	14.13	199	5	52.38	440	440	440	2200	2200	2200
总计（479）	12.1	0.6	3.82	70	0.5	5.70	558.40	4	51.64	1800	5	168.36	4970	440	1726	4023.44	2000	3230.86

甘肃地区 100 件受贿案件，判处免予处罚和缓刑的案件中，最大数额为 8 万元，最小数额为 0.6 万元，平均数额为 2.97 万元。判处 5 年以下有期徒刑的（实刑，不含 5 年），最大数额为 39.5 万元，最小数额为 1 万元，平均数额为 11.33 万元。判处 5 年以上不满 10 年的，最大数额为 39.5 万元，最小数额为 4 万元，平均数额为 14.13 万元。判处 10 年以上有期徒刑的，最大数额为 199 万元，最小数额为 5 万元，平均数额为 52.38 万元。

判处无期徒刑的，1件，440万元。判处死缓的，1件，2200万元。

成都地区117件受贿案件，判处免予处罚和缓刑的案件中，最大数额为6.8万元，最小数额为0.79万元，平均数额为2.91万元。判处5年以下有期徒刑的（实刑，不含5年），最大数额为9.5万元，最小数额为0.8万元，平均数额为4.17万元。判处5年以上不满10年的，最大数额为558.4万元，最小数额为5万元，平均数额为37.74万元。判处10年以上有期徒刑的，最大数额为1210万元，最小数额为10.4万元，平均数额为178.98万元。判处无期徒刑的，样本中一件也没有。判处死缓的，样本中一件也没有。

广州地区124件受贿案件，判处免予处罚和缓刑的案件中，最大数额为12.1万元，最小数额为0.7万元，平均数额为6.18万元。判处5年以下有期徒刑的（实刑，不含5年），最大数额为70万元，最小数额为1.4万元，平均数额为10.26万元。判处5年以上不满10年的，最大数额为421.15万元，最小数额为5万元，平均数额为60.24万元。判处10年以上有期徒刑的，最大数额为1200万元，最小数额为12.6万元，平均数额为298.22万元。判处无期徒刑的，最大数额为4970万元，最小数额为1250万元，平均数额为3110万元。判处死缓的，样本中一件也没有。

北京地区138件受贿案件，判处免予处罚和缓刑的案件中，最大数额为9.5万元，最小数额为1万元，平均数额为3.51万元。判处5年以下有期徒刑的（实刑，不含5年），最大数额为20万元，最小数额为0.72万元，平均数额为4.35万元。判处5年以上不满10年的，最大数额为330万元，最小数额为5.09万元，平均数额为68.01万元。判处10年以上有期徒刑的，最大

第一章 贪污受贿犯罪量刑失衡问题的实证分析

数额为1800万元,最小数额为10万元,平均数额为189.31万元。判处无期徒刑的,最大数额为2488.78万元,最小数额为600万元,平均数额为1356.73万元。判处死缓的,最大数额为4700万元,最小数额为2000万元,平均数额为3574.48万元。

(4)在479件受贿案件中,数额在5万元以下(含5万元)的,共有170件。其中,共有120件免予处罚和缓刑(27件免予处罚)。最高刑期10年,平均刑期0.68年。数额在5万元以上10万元以下的,共有86件。其中,共有34件缓刑案件。最高刑期10.6年,平均刑期3.02年。数额在10万元以上的,共有223件(包括1件缓刑,7件无期徒刑,4件死缓)。211件有期徒刑(不包括缓刑)案件中,最大刑期15年,最小刑期2年,平均刑期8.80年。(见表14)

表14 各地区受贿案件数额对应刑期统计

总结	5万元以下		5万元以下免处和缓刑		5万元以下判处有期徒刑的			5万元至10万元		5万元至10万元判处有期徒刑的			10万元以上		10万元以上判处有期徒刑		
	数量	占比	数量	占比(在5万元以下)	最高刑期	平均刑期		数量	占比	最高刑期	最低刑期	平均刑期	数量	占比	最高刑期	最低刑期	平均刑期
北京(138)	41	29.71%	23	56.1%	4.6	0.84		18	13.04%	10	5.09	7.61	79	57.25%	15	3	9.5
广州(124)	24	19.35%	15	62.5%	5.2	1.5		29	23.39%	5	1.9	2.84	71	57.26%	15	2	6.88
成都(117)	54	46.15%	43	79.6%	5	1.6		22	18.8%	6.6	2.6	4.18	41	35.04%	15	5	9.97
甘肃(100)	51	51%	42	82.35%	10	3.96		17	17%	10.6	3	5.73	32	32%	15	5	9.90
总计(479)	170	35.49%	123	72.35%	10	0.68		86	17.95%	10.6	1.9	3.02	223	46.56%	15	2	8.80

广州地区 124 件受贿案件，数额在 5 万元以下（含 5 万元）的，共有 24 件。其中，共 15 件免予处罚和缓刑。最高刑期 5.2 年，平均刑期 1.5 年。数额在 5 万元以上 10 万元以下的，共有 29 件。其中，共有 22 件缓刑案件。最高刑期 5 年，最低刑期 1.9 年，平均刑期 2.84 年。数额在 10 万元以上的，共有 71 件（包括 1 件缓刑，2 件无期徒刑）。68 件有期徒刑（不包括缓刑）中，最大刑期 15 年，最小刑期 2 年，平均刑期 6.88 年。

成都地区 117 件受贿案件，数额在 5 万元以下（含 5 万元）的，共有 54 件。其中，共有 43 件免予处罚和缓刑。最高刑期 5 年，平均刑期 1.6 年。数额在 5 万元以上 10 万元以下的，共有 22 件。其中，共有 3 件缓刑案件。最高刑期 6.6 年，最低刑期 2.6 年，平均刑期 4.18 年。数额在 10 万元以上的，共 41 件（包括 0 件无期徒刑，0 件死缓）。41 件有期徒刑（不包括缓刑）中，最大刑期 15 年，最小刑期 5 年，平均刑期 9.97 年。

甘肃地区 100 件受贿案件，数额在 5 万元以下（含 5 万元）的，共有 51 件。其中，共 42 件免予处罚和缓刑。最高刑期 10 年，平均刑期 3.96 年。数额在 5 万元以上 10 万元以下的，共有 17 件。其中，共有 5 件缓刑案件。最高刑期 10.6 年，最低刑期 3 年，平均刑期 5.73 年。数额在 10 万元以上的，共有 32 件（包括 1 件无期徒刑，1 件死缓）。30 件有期徒刑（不包括缓刑）中，最大刑期 15 年，最小刑期 5 年，平均刑期 9.90 年。

北京地区 138 件受贿案件，数额在 5 万元以下（含 5 万元）的，共有 41 件。其中，共有 23 件免予处罚和缓刑。最高刑期 4.6 年，平均刑期 0.84 年。数额在 5 万元以上 10 万元以下的，共有 18 件。其中，共有 3 件缓刑案件。最高刑期 10 年，最低刑期 5.09 年，平均刑期 7.61 年。数额在 10 万元以上的，共有 79 件（包括 4 件无期徒刑，3 件死缓）。72 件有期徒刑（不包括缓刑）中，最大刑期 15 年，最小刑期 3 年，平均刑期 9.5 年。

第二节 "刑九"施行以前贪污受贿犯罪量刑失衡的现象表征

实证分析给出了非常稳健的结果。就社会学的统计而言，自变量能够解释因变量的 80%以上，已经是非常"好"的结果。以上只是通过计量方法静态分析贪污受贿犯罪的量刑影响因素、地区差异和两个犯罪之间的量刑差异。真正的问题还需要结合进一步的统计分析加以说明。

一、贪污受贿犯罪量刑的轻缓化与量刑情节适用偏好

（一）缓免刑适用率高

在笔者统计"刑九"适用之前的 199 件贪污案件中，判处免予处罚的案件共有 6 件，判处缓刑的案件共有 66 件。适用非监禁刑案件总共 72 件，占比 36.18%。在"刑九"适用之前的 479 件受贿案件中，判处免予处罚的案件共有 27 件，判处缓刑的案件共有 128 件。适用非监禁刑案件共计 154 件，占比 32.3%。个别地区比如甘肃甚至达到 47%，近半数案件未判实刑。普通刑事案件的缓免刑判决率在 10%左右。[1]全国刑事案件平均非监禁刑适用率在 20%左右。[2]对照来看，"刑九"适用以前，贪污受贿犯罪的量刑确实存在轻缓化现象。在"刑九"

---

[1] 参见叶成国："职务犯罪缓免判决率偏高的原因与对策——对职务犯罪缓免判决适用情况的调查分析"，载《中国刑事法杂志》2011 年第 4 期。

[2] 参见江苏省高级人民法院课题组："职务犯罪案件量刑平衡机制问题研究——江苏高院关于职务犯罪案件量刑情况的调查报告"，载《人民法院报》2010 年 3 月 25 日。

适用以后，北京地区60起受贿案件中，缓免刑案件为11件，适用率近20%；甘肃地区40起受贿案件中，适用缓免刑的案件有14件，缓免刑适用率高达35%，远超普通刑事案件的缓免刑适用率。

包括贪污受贿犯罪在内的职务犯罪案件缓免刑适用率高，这不仅在笔者的研究中有所体现，在其他研究中也得以佐证。据统计，在全国范围内，因职务犯罪触犯刑法的官员，被判处有罪但免予刑事处罚，或虽被判处有期徒刑但适用缓刑的比率，2001年为51.38%，2005年达到66.48%。2003年至2005年，全国共有33 519名职务犯罪被告人被宣告缓刑，职务犯罪案件的年均缓刑率为51.5%，明显高于公安机关侦查案件19.74%的年均缓刑率。2005年1月至2009年6月，被判决有罪的17 671名渎职侵权被告人中，宣告免予刑事处罚的9707名，宣告缓刑的5390名，合计占到85.4%。[1]

据广西壮族自治区"职务犯罪轻刑化问题研究"课题组的统计，从2007年11月至2011年6月，该自治区职务犯罪生效判决共3260件、4602人，这些生效判决中判处缓刑的有1588人，占到所有生效判决的34.51%，判处免予刑事处罚1826人，占到所有生效判决的39.67%。[2]同样，据江苏省高级人民法院课题组2010年的统计，该省职务犯罪案件非监禁刑适用率为43.38%，远高出同期全国刑事案件平均20.91%和全省28.45%的适用率。[3]

---

[1] 参见张建升："职务犯罪的刑罚与轻刑化的遏制"，载《人民检察》2010年第17期。

[2] 参见杨凤宁、何斐明："职务犯罪轻刑化法律监督探讨"，载《中国刑事法杂志》2013年第1期。

[3] 参见江苏省高级人民法院课题组："职务犯罪案件量刑平衡机制问题研究——江苏高院关于职务犯罪案件量刑情况的调查报告"，载《人民法院报》2010年3月25日。

第一章 贪污受贿犯罪量刑失衡问题的实证分析

据统计，2003年至2007年间，某市对职务犯罪共立案774件、874人，判决581件、678人，其中判处缓刑的案件有434人，所占比例达到了全部判决人数的64.01%。[1]另有统计，2007年至2010年，某市检察机关提起公诉被法院作有罪判决的职务犯罪被告人641人，其中被宣告缓免判决的高达285人（内有缓刑234人，免予刑事处罚51人），占有罪判决的44.5%，是同期一般刑事案件的缓免判决率（10.1%）的4.4倍。[2]

有研究者对受贿罪和盗窃罪的缓免刑率进行对比，统计结果发现，在被判处3年以下有期徒刑或拘役的101名受贿罪被告人中，判处缓刑的被告人共计59人，其中有期徒刑不满1年的4人，有期徒刑不满2年的29人，有期徒刑不满3年的26人，即58.41%的被判处3年以下有期徒刑或拘役的被告人都被判处缓刑。与之相比，在被判处3年以下有期徒刑或拘役的2005名盗窃罪被告人中，仅有16.2%的被告人被判处缓刑。[3]

上述研究都得出了一致的结论，贪污受贿犯罪缓免刑适用比率较高现象的原因及其合理性值得进一步思考。

（二）有期徒刑就低压线判罚较多

在笔者统计中，进入到5年以上不满10年这个法定刑幅度，压着5年线判罚的案件比率平均为33.3%，也就是说，符合这个区间的案件有三成都是判处了最低刑。进入到10年以上有期徒刑这个法定刑幅度内，压着10年线判罚的案件比率平均为48.15%，也就是说，符合这个区间的案件有近半数判处了最

---

[1] 参见牟春雷、赵亚光："职务犯罪轻刑化问题分析及纠正途径"，载《人民检察》2009年第5期。

[2] 参见叶成国："职务犯罪缓免判决率偏高的原因与对策——对职务犯罪缓免判决适用情况的调查分析"，载《中国刑事法杂志》2011年第4期。

[3] 参见景景：《受贿罪量刑均衡问题研究》，人民法院出版社2015年版，第48~49页。

低刑。这在一定程度上说明，法官在判罚时，即使无法减轻处罚降档处理，也会倾向于往同档内较低的刑期靠拢。

表15 受贿罪各刑罚段样本数量及占比[1]

	免处与缓刑		3年以上不满4年		4年以上不满5年		5年以上不满10年	5年（在5到10年之间的占比）	10年以上有期徒刑		10年（在10年以上的占比）	无期	死缓
北京（138）	23	16.67%	26	18.84%	1	0.72%	33	9（27.27%）	48	34.78%	22（45.83%）	4	3
广州（124）	38	30.65%	14	11.29%	1	0.8%	55	19（34.54%）	14	11.29%	5（35.71%）	2	0
成都（117）	47	40.17%	11	9.4%	3	2.56%	27	7（25.92%）	29	24.79%	9（31.03%）	0	0
甘肃（100）	47	47%	6	6%	1	1%	17	9（52.94%）	27	27%	13（48.15%）	1	1
总体（479）	155	32.36%	57	11.9%	6	1.25%	132	44（33.3%）	118	24.63%	49（41.53%）	7	4

广州地区编号57杨某受贿案和编号78翟某受贿案的对比观察最为明显。两个案件在是否立功、是否退赃、是否悔罪、是否利用职务便利、是否谋取非法利益、是否造成损失、是否共同犯罪、是否多次受贿、是否索贿等情节均有相同表现，区别在于杨某受贿金额为12.6万元，不具有自首情节，翟某受贿金额为280万元，具有自首情节，两个案件都被判处10年有期徒刑。

广州-57杨某受贿案案情：2007年至2012年间，被告人杨

---

〔1〕 本表内容同表12，但分析视角不同。

第一章 贪污受贿犯罪量刑失衡问题的实证分析

某在担任广州市××区××局副局长期间,利用其负责地方公路管理总站公路工程的职务便利,先后多次收受承建该局工程的承建商王某贿送的人民币共计10万元及港币3万元,全部据为己有。2013年12月12日,被告人杨某的家属退赃人民币10万元及港币3万元。法院认为,被告人杨某无视国家法律,身为国家工作人员,利用职务上的便利,非法收受他人财物,为他人谋取利益,侵犯国家机关的正常工作秩序和国家的廉政建设制度,其行为已构成受贿罪。公诉机关指控被告人杨某犯受贿罪的事实清楚,证据确实、充分,指控的罪名成立,法院予以支持。依法应当对被告人杨某适用"处十年以上有期徒刑或者无期徒刑,可以并处没收财产"的量刑幅度予以处罚。本案查明的量刑事实和情节有:①被告人杨某受贿人民币10万元、港币3万元,可以增加刑罚量;②被告人杨某归案后如实供述自己的罪行,是坦白,依法可以从轻处罚;③被告人杨某主动退缴全部赃款,可以酌情从轻处罚。综合上述法定刑幅度、法定和酌定量刑情节以及被告人杨某在刑事诉讼期间的认罪表现等情节,法院决定对被告人杨某从轻处罚。公诉机关的量刑建议,符合法律规定,法院予以采纳。经查,被告人杨某于2013年6月9日即被广州市纪委采取"双规"措施,未自动投案,被告人杨某在纪检监察办案机关采取调查措施期间,如实交代纪检监察机关掌握的线索所针对的事实,依法不能成立自首。被告人杨某身为国家工作人员且为相应国家机关部门的原主要负责人,无视国法,利用职务上主管、负责公共事务的便利,非法收受他人巨额财物,损害国家工作人员职务的廉洁性,应依法惩处。辩护人提出的与上述相符的辩护意见,法院予以采纳;提出的与上述不同的辩护意见,与法律规定不符,据理不足,法院不予采纳。法院判决被告人杨某犯受贿罪，判处有期徒刑10年。[1]

广州-78 翟某受贿案：①2009年间，被告人翟某利用担任广州市××物业经营有限公司（以下称物经公司）董事长、总经理的职务便利，在物经公司以收购股权的形式收购广州市超绰贸易有限公司的物业"超绰大厦"以及广州市裕城贸易有限公司的国有土地使用权过程中，收受广州市超绰贸易有限公司法定代表人汤某乙（另案处理）贿送的港币100万元。②2009年至2010年间，被告人翟某利用上述职务便利，在物经公司收购广州市番禺市桥东环银辉酒店名下位于本区沙头街侨兴大道731、733号的物业过程中，向广州市番禺市桥东环银辉酒店负责人陈某雄（另案处理）索取港币230万元。法院认为，被告人翟某无视国家法律，身为国家工作人员，利用职务便利，非法收受他人财物，其行为已构成受贿罪。被告人翟某个人受贿数额达人民币2 906 020元，依法应当对其适用"十年以上有期徒刑或无期徒刑"的量刑幅度予以处罚。公诉机关指控被告人翟某犯受贿罪事实清楚，证据确实充分，指控罪名成立。被告人翟某犯罪以后自动投案，如实供述自己的罪行，是自首，可以从轻处罚。本案查扣赃款人民币99万元，且被告人翟某家属主动退赃人民币20万元，在量刑时予以酌情从轻处罚。辩护人以上述等为由建议法庭对被告人翟某从轻处罚的意见有理，法院予以采纳。法院根据前述法定刑幅度、法定及酌定的量刑情节，并综合考虑被告人作案的具体事实、认罪态度等因素确定宣告刑。法院判决被告人翟某犯受贿罪，判处有期徒刑10年，并处没收财产30万元。[2]

---

[1] [2014] 穗花法刑初字第637号。
[2] [2014] 穗番法刑初字第1816号。

第一章 贪污受贿犯罪量刑失衡问题的实证分析

(三) 从轻情节评价过度

在笔者统计的 479 件受贿案件中,自首的适用率达到 42.38%,坦白的适用率达到 43.21%,退赃达到 88.93%,悔罪达到 88.1%。广州地区 124 件受贿案件中,共有 107 件案件认定有自首情节,占比达 86.29%。这与其他研究结论一致,与普通案件相比,受贿案件自首率比较高。[1] 其他研究结果表明,受贿罪被认定为自首的被告人比率达到 39%,而盗窃罪被认定为自首的比率仅为 8.2%。[2]

计量结果表明,贪污罪中,自首、坦白、退赃要比不自首、不坦白、不退赃分别减轻量刑 3.3 年、2.2 年、1.5 年;受贿罪中,自首、悔罪也要比不自首、不悔罪分别减轻量刑 1.8 年、0.9 年。由此看出,从轻、减轻情节的从轻、减轻力度比较大,进一步阅读判决书发现,有的案件甚至跨越了两个量刑幅度进行减轻处罚。以广州地区的编号 8 王某受贿案件为例,该案中,被告人受贿数额 100 多万元,只有自首一个法定从宽情节,此外,还有一个退赃的酌定从宽情节,在从宽情节方面和大部分受贿案件相差无几。王某在处置国有企业不良资产过程中为他人谋取不正当利益,致使国有财产遭受损失,并且多次受贿,在王某受贿案中还具有这些从重情节,但最终量刑结果为 4 年,横跨了两个刑罚幅度减轻处罚。

广州-8 王某受贿案案情:2004 年 8 月至 2006 年 12 月期间,被告人王某利用担任广东发展银行(以下简称"广发行")副行长期间,利用分管该行的全资子公司广东广控集团

---

[1] 参见孙国祥:"受贿罪量刑中的宽严失据问题——基于 2010 年省部级高官受贿案件的研究",载《法学》2011 年第 8 期。

[2] 参见景景:《受贿罪量刑均衡问题研究》,人民法院出版社 2015 年版,第 53 页。

有限公司（以下简称"广控集团"）、该行资产管理部的便利，在处置广发行的不良资产中，为侯某（另案处理）代理的汉国置业（深圳）有限公司（以下简称"汉国公司"）提供帮助，先后收受侯某贿送的感谢费共计港币80万元及价值68万元人民币的汽车一辆。其中：①2004年8月至2005年8月期间，广发行在转让不良资产"广海项目"（即广控集团所持深圳市广海投资有限公司的股份）过程中，侯某受汉国公司委托，多次向被告人王某提出由汉国公司收购"广海项目"的请求，被告人王某在原选定的深圳万科房地产有限公司（以下简称"万科公司"）退出竞购的情况下，向侯某表示同意由汉国公司收购该项目，在广发行风险资产管理委员会审议该项目时表态支持汉国公司收购该项目并获得通过。在汉国公司成功收购"广海项目"后，2005年9月的一天，侯某到被告人王某的办公室送给其感谢费港币30万元。②2006年4月初，汉国公司委托侯某与广发行交涉、运作收购广发行的不良资产"广州中旅大道项目"（即广发行对广州中旅大道房地产开发有限公司债权人民币3.01亿元及其孳息），为确保汉国公司无竞争、低价收购该项目，侯某先后向广发行董事长李某虹、被告人王某提出将该项目指定给其事先串通好的安华白云拍卖行拍卖，在李某虹同意的情况下，被告人王某最终表态同意将该项目以人民币5000万的底价交给安华白云拍卖行拍卖。在侯某的操作下，汉国公司在无竞拍对手的情况下以底价拍得"广州中旅大道项目"。汉国公司支付侯某人民币1380万元，侯某于2006年7月、8月份两次到被告人王某的办公室送给其港币共计50万元，其中一次30万港币，一次20万港币。③汉国公司的副总经理王某汶于2006年9月27日以运泰实业（深圳）有限公司（以下简称"运泰公司"）的名义购置一辆价值68万元人民币的"雷克萨斯"

第一章 贪污受贿犯罪量刑失衡问题的实证分析

RX350型越野车（车牌号粤B·×××××）交给侯某，2006年底侯某将该车交给王某使用，2009年5月侯某被立案侦查后，被告人王某畏罪于同年6月1日将该车停放在深圳五洲宾馆停车场。被告人王某身为国家机关委派到国有控股公司从事公务的人员，利用职务上的便利为他人谋取利益，非法收受他人财物，其行为已构成受贿罪。公诉机关指控的主要犯罪事实清楚，证据确实、充分，罪名成立，唯认定被告人王某使用侯某提供的车辆构成受贿罪依据不足，法院不予支持。鉴于被告人王某在被侦查机关讯问、采取强制措施之前，主动如实交代犯罪事实，可视为自首，且退清赃款，确有悔罪表现，法院依法对王某予以减轻处罚。被告人王某及其辩护人提出的辩解和辩护意见理由成立，法院予以采纳。根据被告人王某的犯罪事实、犯罪情节、悔罪表现及对社会的危害程度，法院判决被告人王某犯受贿罪，判处有期徒刑4年，并处没收财产人民币40 000元。

从轻情节不仅适用率高，同时还存在适用不规范的问题。笔者在分析判决书时发现，实践中有一部分案件，针对部分事实坦白、自首的，在判决书中并未明确针对这部分事实从轻或者减轻处罚，而是针对全部事实适用自首、坦白。最高人民法院、最高人民检察院2009年颁布实施的《关于办理职务犯罪案件认定自首、立功等量刑情节若干问题的意见》指出："没有自动投案，在办案机关调查谈话、讯问、采取调查措施或者强制措施期间，犯罪分子如实交代办案机关掌握的线索所针对的事实的，不能认定为自首。"实践中许多案件犯罪分子在这种情况下也被认定为自首。

以成都地区的编号40受贿案件为例，判决书中载明"被告人李某接到电话通知后，到纪委接受调查谈话，期间能在组织没有确实证据证明其犯罪事实……经过思想工作后如实供述了自己收受贿赂的事实,应当视为自动投案。被告人李某如实供述了自己的犯罪事实,自愿接受国家审判,其行为符合自首的构成要件,可以从轻或减轻处罚。"此处,"掌握线索后的谈话"被替代成"没有确实证据证明有犯罪事实后的谈话",自首得以认定。

成都-40 李某受贿案案情:被告人李某于2008年4月开始担任成都市锦江区××街道办事处主任,对该办事处行政工作全面负责,主管财务、城市管理、安全生产等工作。被告人李某在××街道办事处开展、主持相关工程项目的过程中,利用其担任××街办主任的职务之便,为从事工程建设的曾某某(另处)介绍该街道办事处辖区老旧院落环境整治工程,在工程项目招标、比选之前指定曾某某"挂靠"的四川元顺建筑工程有限公司、四川辉宏建筑装饰工程有限公司为承接工程的公司,后曾某某以上述两家公司的名义承接了××街道办事处的多项工程。在此过程中,被告人李某分别于2011年初、2012年初、2012年国庆节期间、2013年春节期间先后四次收受曾某某给予的每次1万元,共计4万元人民币的感谢费。另,被告人李某利用其担任办事处主任的职务便利和影响力,支持该办事处党工委副书记周某某(另处)分管、负责办事处辖区内的相关工程工作,并委托周某某全权负责相关工程项目的一切事宜,其分别于2012年春节前、2013年春节前先后两次收受周某某给予的人民币1万元、5000元,并于2012年下半年收受周某某送予的尼康D800相机一部(经鉴定价值人民币2.48万元)。2014年7月30日,中共成都市锦江区纪律检查委员会(以下简称"锦江区纪委")因收到有人举报××街道办事处主任即被告人李某与他人私下协商承包工程,存在权钱交易的行为而通知被告人李某至市纪委接受谈话调查,被告人李某归案后主动交代了其收受周某某给予的相机、1.5万元人民币的事实。法院认为,被告人李

第一章 贪污受贿犯罪量刑失衡问题的实证分析

某身为国家机关工作人员,利用职务之便,收受他人贿赂,为他人谋取利益,其行为已构成受贿罪。被告人李某接电话通知后,到纪委接受调查谈话,期间能在组织没有确实证据证明其犯罪事实,即还未掌握其违法犯罪事实的情况下,经过做思想工作后如实供述了自己收受贿赂的事实,应当视为自动投案。被告人李某如实供述了自己的犯罪事实,自愿接受国家审判,其行为符合自首的构成要件,可以从轻或减轻处罚。故被告人李某及其辩护人提出被告人李某具有自首情节的辩解、辩护意见,法院予以采纳。被告人李某的辩护人提出被告人李某收取周某某的财物不构成受贿罪的辩护意见,法院认为,公诉机关当庭宣读、出示的证人周某某的陈述,证实周某某送钱及相机给被告人李某的目的是为了让被告人李某在平时工作分工中关照自己,且周某某送给被告人李某的相机也是自己收受他人贿赂后购买,被告人李某也确实让周某某负责了一些旧城改造项目工程;公诉机关当庭宣读、出示的被告人李某庭审前的一致性供述,证实被告人李某知道周某某送财物的目的是为了让自己给他安排一些辖区建设项目让其负责,并对周某某推荐的建筑公司予以认可,使周某某能够从中谋取一些利益,自己确实也同意了周某某推荐的家颜公司、美景堂公司、福泰公司承揽工程,也委派周某某负责了街道办部分风貌整治工程、三无院落整治工程、老旧院落整治工程。被告人李某还证实周某某给予自己现金人民币1万元时明确告知该款项是建筑老板给的。证人周某某的证言及被告人李某的供述,相互印证证实了被告人李某明知周某某送钱物的目的,而利用职务上的便利收受周某某的钱物,为其谋取利益,被告人李某的行为已构成受贿罪。故被告人李某的辩护人提出被告人李某收受周某某财物的行为不构成受贿罪的辩护意见,法院不予采纳。被告人李某的辩护人提出公诉机关指控被告人李某于2012年年初收受曾某某行贿1万元的证据不足的辩护意见,法院认为,公诉机关当庭宣读、出示的证人曾某某的证言、被告人李某的供述,能够相互印证证实了被告人李某受贿曾某某4万元的时间、地点、金额,其中关于第二笔1万元的受贿事实,证人曾某某称时间是2012年上半年(4月、5月)某日,被告人李某称时间是2012年春节后某日,虽然时间没有明确,但二人供述的时间并不矛盾,且双方陈述的行贿地点、金额完全吻合,故被告人李某的辩护人提出此笔犯罪指控证据不足的辩护意见不能成立。最终法院判决被告人李某犯受贿罪,判处有期徒刑3年2个月。[1]

笔者在访谈时对此也做了求证,受访的一线办案者坦陈确实存在自首、坦白、悔罪等从轻情节认定不严格的问题。笔者还发现,在共同犯罪的场合,数额认定倾向于以"分得数额"论,量刑明显从轻。

在其他关于职务犯罪量刑情况的研究中同样能发现类似的结论。从2007年11月至2011年6月某省职务犯罪案件生效判决的情况来看,有1341人认定有法定量刑情节,其中,认定自首942人,占被认定有法定量刑情节的70.25%。某市某基层人民法院从2009年至2011年审结的74件职务犯罪案件,以自首情节认定的就有61件,占82.43%。[2] 2009年某市检察机关提起公诉的职务犯罪案件被适用缓免判决有80人,其中认定自首情节有24人,认定立功情节有13人,分别占总数的30%和16.25%,这么高的自首、立功认定比例应当说在其他任何犯罪中都是比较罕见的。反观2009年非国家工作人员因行使与其职

---

[1] [2015]锦江刑初字第21号。
[2] 参见杨凤宁、何斐明:"职务犯罪轻刑化法律监督探讨",载《中国刑事法杂志》2013年第1期。

第一章 贪污受贿犯罪量刑失衡问题的实证分析

务有关的犯罪行为而被法院适用缓免判决的 98 名被告人，其中认定自首情节有 11 人，认定立功情节仅为 2 人，分别占 11.22%和 2.04%。[1]

更有些地方实践中出现了职务犯罪案件减轻处罚情节的适用优于从轻处罚情节的倒挂现象。据某市某区检察院 2007 年起诉案件的统计数据显示，在被起诉的 607 件 981 人中，适用从轻处罚的 387 人，占全部犯罪人的 39.4%；获减轻处罚的有 87 人，仅占 8.9%，即从轻处罚的人数远远多于减轻处罚的人数。然而，从该区 2003 年至 2007 年对职务犯罪判处情况看，在判处的贪污罪、受贿罪、挪用公款罪的 132 件 148 人的职务犯罪案件中，适用从轻处罚法定情节的有 14 件 14 人，分别占全部案件数的 10.6%和全部犯罪人数的 9.46%；适用减轻处罚法定情节的有 99 件 117 人，占全部案件数的 75%和 79.05%，减轻处罚的适用远远高于从轻处罚的适用。[2]

表16 受贿罪量刑各影响因素样本数量及占比

自首		坦白		立功		退赃		悔罪		实际为他人谋取利益		造成实际损失		索贿		有其他犯罪		多次受贿（3次以上）	
203	42.38%	207	43.21%	22	4.6%	426	88.93%	422	88.1%	462	96.45%	112	23.38%	51	10.65%	76	15.87%	297	62%

（四）从重情节评价不足

索贿应从重、贪污特定款物的应从重，这是法定从重情节。多次贪污、受贿的，应从重；受贿造成实际损失的，应从重。

---

[1] 参见叶成国：“职务犯罪缓免判决率偏高的原因与对策——对职务犯罪缓免判决适用情况的调查分析”，载《中国刑事法杂志》2011 年第 4 期。

[2] 参见牟春雷、赵亚光：“职务犯罪轻刑化问题分析及纠正途径”，载《人民检察》2009 年第 5 期。

这些法定、酌定从重情节，在笔者的计量分析中，都未发现与量刑结果有显著相关性。以广州地区编号 48 的案件为例，被告人作为国家审判机关工作人员，利用其工作职务便利，收受他人贿赂 23.5 万元，伙同他人通过批量伪造法院公章和法律文书进行送达等执行行为，致使国家税收损失超过 150 万元，行为均严重损害了审判机关的声誉、司法公信力和权威，造成了特别恶劣的社会影响。和多数受贿案件一样，被告人有自首、退赃等情节，但是被告人滥用职权，致使国家利益遭受严重损失，情节恶劣。按照被告人 23.5 万元的受贿数额对应法定刑幅度在十年以上有期徒刑或者无期徒刑，最终被告人受贿罪判刑 2 年，从重情节评价严重不足。

广州-48 罗某滥用职权、受贿案案情：2011 年 4 月至 2012 年 12 月，被告人罗某在担任广东省韶关市仁化县人民法院（以下简称"仁化法院"）执行局副局长期间，伙同被告人余某元，存在以下犯罪事实：自 2010 年 9 月 30 日起，广东省深圳市开始实施住房限购政策，对于深圳市居民家庭限购 2 套住房；对于提供在深圳市 1 年以上纳税证明或社会保险缴纳证明的非深圳市户籍居民家庭，限购 1 套住房；暂停超出上述条件的居民家庭在深圳市购房。2011 年 4 月开始，为了帮助不符合上述深圳市住房限购规定的买卖双方实现房产过户以从中牟利，被告人罗某、余某元伙同梁某明（另案处理）约定采用虚假民事诉讼的方式，在没有立案、买卖双方均未到仁化县人民法院参与诉讼、未实际开庭或调解的情况下，伪造"仁化县人民法院"的印章（经鉴定，该印章系伪造），按照梁某明提供的房屋买卖双方的身份信息，共同擅自违法制作虚假的《民事裁定书》《民事判决书》和《协助执行通知书》等法律文书，后又违反执行规定，持被告人罗某的工作证、执行公务证等到深圳市房地产登

第一章 贪污受贿犯罪量刑失衡问题的实证分析

记中心送达上述法律文书,要求深圳市房地产登记中心协助进行房产过户。期间,由于上述伪造的法律文书内容上出现错误,深圳市房地产登记中心要求对错误的内容进行校对,被告人罗某携带其工作证、执行公务证以及伪造的校对章伙同被告人余某元一起到深圳市房地产登记中心对上述虚假法律文书上的错误内容进行校对。2012年12月28日,被告人罗某还私自截留深圳市房地产登记中心寄到仁化县人民法院的关于对上述部分虚假诉讼案件进行核查的函,并伙同被告人余某元及梁某明利用仁化县人民法院的红头文件纸、使用伪造的法院印章制作虚假的回复函。2011年4月至2012年12月,被告人罗某、余某元按照上述方式制作《民事裁定书》《民事判决书》和《协助执行通知书》各21份,现深圳市房地产权登记中心已按照协助执行通知书等转移过户房产94套,经统计,其中80套房产过户造成国家税款损失共计人民币3 424 829.26元,并造成特别恶劣的社会影响。2011年4月至2012年12月,被告人罗某、余某元利用被告人罗某担任广东省韶关市仁化县人民法院执行局副局长并办理上述虚假诉讼案件的职务便利,先后共同收受梁某明贿送的"好处费"共计人民币275 000元,其中,被告人罗某分得人民币85 000元,被告人余某元分得人民币190 000元。法院判决认为:作为国家审判机关工作人员的被告人罗某利用其工作职务便利,并伙同被告人余某元通过批量伪造法院公章和法律文书进行送达等执行行为,致使国家税收损失超过150万元,其行为均严重损害了审判机关的声誉、司法公信力和权威,造成了特别恶劣的社会影响,既构成滥用职权罪,又构成伪造国家机关公文罪,应择一重罪即滥用职权罪,且属情节特别严重,应处3年以上7年以下有期徒刑。其中,身为国家司法机关工作人员的被告人罗某送达法律文书相关行为是造成行政机关信以为真而予以配合,从而导致国家巨额税款损失的关键因素。被告人余某元亦利用罗某的身份并积极实施相关犯罪行为。因此,被告人罗某应对滥用职权行为承担相对较大的法律责任;被告人余某元亦应对滥用职权行为承担法律责任;两者在量刑时应有所区别。同时,被告人罗某、余某元在实施上述渎职犯罪的过程中,还收受他人贿赂,又构成受贿罪,应数罪并罚。鉴于被告人罗某、余某元能够主动到检察机关投案,并如实交代其犯罪事实,是自首,可以从轻或者减轻处罚;同时,被告人罗某退缴了全部赃款,可以酌情从轻处罚。综合二被告人犯罪情节、认罪态度、悔罪表现等情况,法院决定对二被告人所犯滥用职权罪均从轻处罚,所犯受贿罪均减轻处罚。被告人罗某的辩护人提出罗某属初犯,有自首、退赃等情节的辩护意见,与本案查明的事实相符,法院予以采纳。判决如下:被告人罗某犯滥用职权罪,判处有期徒刑4年9个月;犯受贿罪,判处有期徒刑2年;总和刑期有期徒刑6年9个月,决定执行有期徒刑5年9个月(刑期从判决执行之日起计算。判决执行以前先行羁押的,羁押一日折抵刑期一日,即从2013年11月2日起至2019年8月1日止)。〔1〕

二、贪污受贿犯罪"量刑扎堆"造成的刑罚阶梯效应失灵

罪责刑相适应的要义在于重罪重罚,轻罪轻罚,罚当其罪。在立法上,这要求刑罚设定应留有足够空间和幅度去对接、容纳罪行的严重程度。在笔者统计的199件贪污案件中,判处10年以上有期徒刑的共有52件,占比26.13%,最小数额为10万元,最大数额为1241.76万元。在笔者统计的479件受贿案件

---

〔1〕 [2014]穗黄法刑初字第660号。

第一章 贪污受贿犯罪量刑失衡问题的实证分析

中，判处5年以上不满10年的，共132件，占比27.56%，最小数额为4万元，最大数额为558.40万元。判处10年以上有期徒刑的，共118件，占比24.63%，最小数额为10万元，最大数额为1800万元。按照"刑九"之前的刑法规定，判处5年以上10年以下有期徒刑，犯罪数额在5万元到10万元之间。判处10年以上有期徒刑，犯罪数额在10万元以上即可。特别是后者，10年到15年有期徒刑，从笔者的统计来看，贪污罪实际容纳了10万元到1241万元的数额，受贿罪实际容纳了10万元到1800万元以内的数额。这导致大量案件集中在这个区间，而立法上设定的刑罚幅度只有5年。

如果把梯度性的法定刑比喻成阶段性公路的话，在某一段路上，路窄车多势必会造成拥堵无序、交通不畅。这时即使有非数额情节的调节作用，但是数额的量刑梯度区分意义也变得相当弱了。这一问题招致学界的一致批评。有论者认为，各档次的具体量刑幅度过大，刑罚之间轻重衔接没有必要的梯度和层次，因而很多贪贿数额悬殊的案件在量刑上拉不开档次。[1]有论者将这一问题界定为贪污受贿犯罪量刑问题的关键所在。[2]有论者指出，在10万元以上的案件中，数额的多少无法与刑罚的轻重建立起有效的对应关系。[3]下图反映了贪污受贿犯罪的"量刑扎堆"现象。

---

[1] 赵秉志："贪污受贿犯罪定罪量刑标准问题研究"，载《中国法学》2015年第1期。
[2] 参见周光权："论受贿罪的情节——基于最新司法解释的分析"，载《政治与法律》2016年第8期。
[3] 林竹静："受贿罪数额权重过高的实证分析"，载《中国刑事法杂志》2014年第1期。

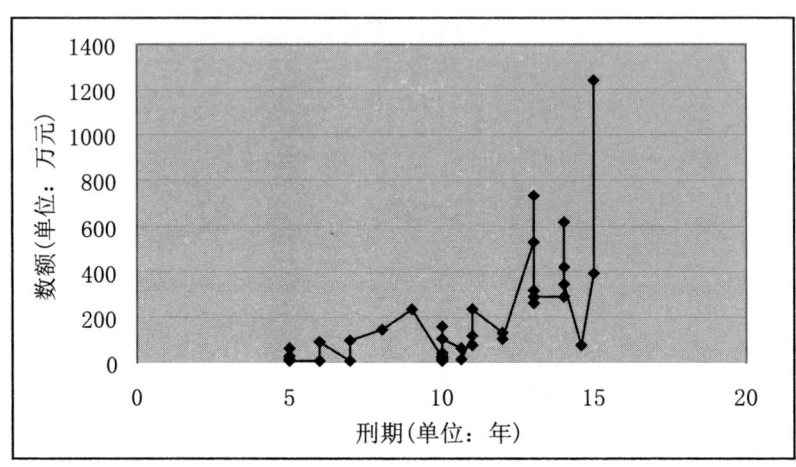

图1 北京地区贪污5到15年有期徒刑案件分布图

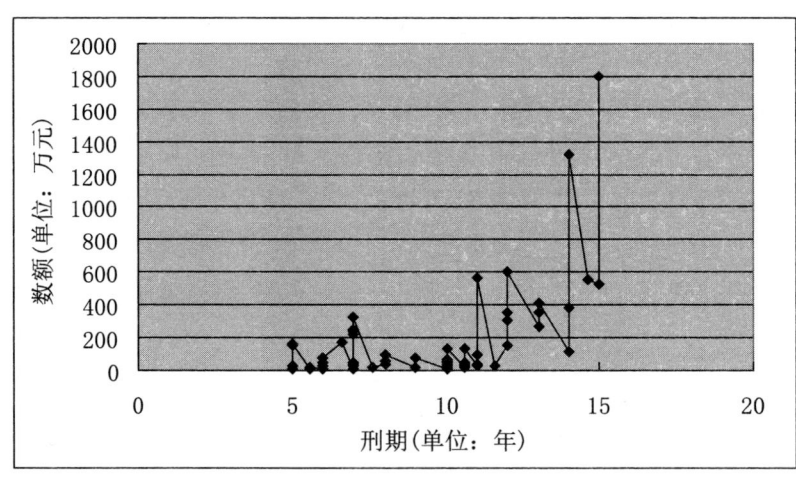

图2 北京地区受贿5到15年有期徒刑案件分布图

三、贪污受贿犯罪量刑的地区差异

贪污受贿犯罪量刑存在地区差异,笔者从计量估计中得到

第一章 贪污受贿犯罪量刑失衡问题的实证分析

了稳健的结果支持这一结论。在其他实证研究中也得到印证。有研究以地理上的东北、华北、华东、华中、华南、西南、西北七大区域作为抽样分类根据,通过筛选变量做回归模型检验的方式,认为我国部分地区在受贿罪量刑结果上存在显著差异。[1]如前所述,笔者赞同其结论,但对其研究方法有疑义。一方面,研究者如果想论证区域发展不平衡导致的量刑结果差异,就要控制每个样本区域内经济发展的相对平衡。七大区域地理位置的分类无法保证这一点。比如同在华南地区,广东、广西两省(区)经济发展就差距很大。另一方面,以我国立法和司法解释的先例来看,在需要平衡地区经济发展不平衡确立弹性标准时,都是以省为单位进行区分,比如《国家赔偿法》中的赔偿标准以及司法解释中盗窃罪、诈骗罪等财产犯罪的数额标准。以大的区域为单位,能够给出针对性的解决方案,标准在各大区域内是否具有普适性,需要打个问号。

笔者以某一城市或者经济发展相对均衡的某一省作为计量单位,统计结果表明,对于贪污罪,如果把北京的量刑结果作为一个基准,笔者发现广州的量刑平均轻1.8年至1.9年、成都的量刑比北京重1.1年至1.2年,甘肃的量刑与北京没有显著差异。对于受贿罪,如果把北京的量刑结果作为一个基准,笔者发现广州的量刑平均轻1.4年至1.5年,成都、甘肃的量刑与北京没有显著差异。

---

[1] 参见王剑波:"我国受贿罪量刑地区差异问题实证研究",载《中国法学》2016年第4期。

表 17　区域比较（以北京为基准）

贪污罪		受贿罪	
广州	轻 1.8~1.9 年	广州	轻 1.4~1.5 年
成都	重 1.1~1.2 年	成都	无显著差异
甘肃	无显著差异	甘肃	无显著差异

笔者在研究中进一步发现，如果控制其他非数额因素，仅分析数额与主刑的关系，能够看出更值得思考的结果：贪污罪判处 5 年到 15 年有期徒刑这一刑罚幅度内的案件，甘肃的最大犯罪数额为 109 万元，最小数额为 5 万元，均值为 31 万元。北京的最大犯罪数额为 737 万元，最小数额也为 5 万多元，均值为 163 万元。与此对应，甘肃这个幅度的量刑集中在 10 年、11 年，而北京这个幅度的量刑在 13 年以上的较多。同样刑罚段的量刑结果，甘肃的犯罪数额远低于北京。换个角度看，同样的数额，甘肃的量刑远比北京重。这也说明了单位数额代表的社会危害性的地区差异，下一章将对这一问题进行详述。

甘肃地区受贿罪被判处 5 年以上不满 10 年有期徒刑和 10 年到 15 年有期徒刑两个刑罚幅度内的，犯罪数额无论是最大值还是平均值，都远远低于北京、广州、成都三个地区。比如，被判处 10 年以上有期徒刑的，甘肃最大数额为 199 万元，北京、广州、成都分别为 1800、1200、1210 万元。与此对应，在 10 年到 15 年有期徒刑的幅度内，甘肃的量刑集中在 10 年到 12 年之间，几乎没有超过 12 年的；北京、广州、成都等地，量刑在 13 至 15 年的有很多。

第一章 贪污受贿犯罪量刑失衡问题的实证分析

表18 受贿罪各刑罚段案件数量分布

受贿罪	5年以上不满10年有期徒刑（实刑，不含5年）			10年以上有期徒刑			无期徒刑		
	最大数额	最小数额	平均数额	最大数额	最小数额	平均数额	最大数额	最小数额	平均数额
北京（138）	330	5	68	1800	10	189	2489	600	1357
广州（124）	421	5	60	1200	12.6	298	4970	1250	3110
成都（117）	558	5	37.74	1210	10.4	179	无	无	无
甘肃（100）	39.5	4	14	199	5	52.38	440	440	440
总计（479）	558	4	51.6	1800	5	168	4970	440	1726

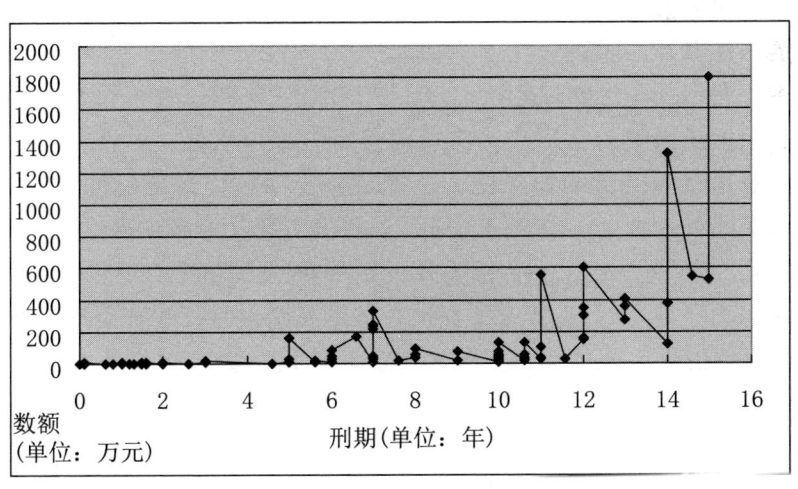

图3 北京地区受贿罪数额与主刑对应图

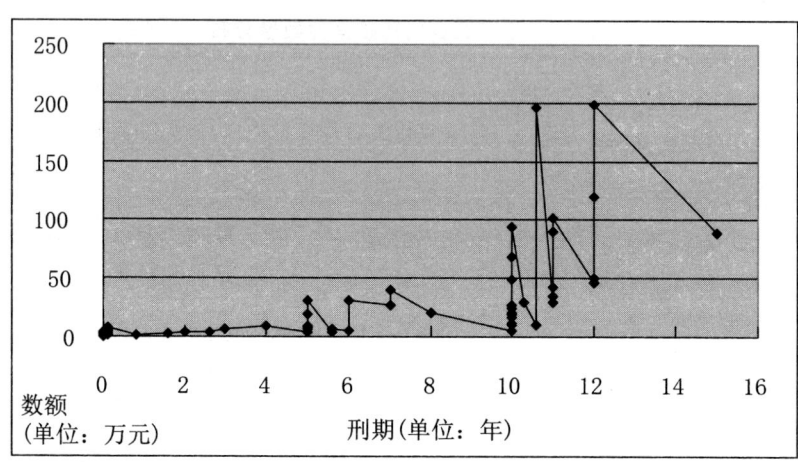

图 4　甘肃地区受贿罪数额与主刑对应图

笔者以北京和甘肃受贿罪的两则具体案例作比对，两地分别判处 12 年、11 年有期徒刑的受贿案件，并且在是否自首、坦白、立功、退赃、悔罪等情节基本一致的情况下，北京的受贿案数额为 350 万判处 12 年，甘肃则为 30 万判处 11 年，数额差距三百多万，刑期只有一年差距。

北京-46 受贿案案情：2005 年至 2013 年间，被告人李某平利用担任国家信访局来访接待司接待五处、六处、七处、八处副处长及调研员的职务便利，接受部分地方信访部门的请托，为上述单位减少在国家信访局登记的信访数量等事项提供帮助。为此，李某平先后收受相关人员给予的人民币共计 359.85 万元。2013 年 11 月，李某平在被办案机关调查后，如实交代了办案机关尚未掌握的大部分受贿事实。法院认为，被告人李某平身为国家工作人员，利用职务上的便利，非法收受他人财物，为他人谋取利益，其行为已构成受贿罪，且数额特别巨大，依法应予惩处。检察机关指控被告人李某平犯受贿罪的事实清楚，证据确实、充分，指控的罪名成立。办案机关出具的相关情况

第一章 贪污受贿犯罪量刑失衡问题的实证分析

说明证明办案机关掌握李某平涉嫌非法收受地方信访部门给予现金的线索后,对李某平涉嫌受贿问题立案调查并对其采取"双规"措施,在调查谈话过程中,李某平如实交代办案机关掌握线索的犯罪事实及办案机关尚未掌握的同种事实,不构成自首。鉴于被告人李某平因涉嫌受贿被调查后,主动交代了办案机关尚不掌握的大部分受贿事实,认罪、悔罪,其亲属在审理过程中主动代其退缴赃款,法院对其酌予从轻处罚。辩护人的相关辩护意见,法院酌予采纳。法院根据被告人李某平犯罪的事实,犯罪的性质、情节及对于社会的危害程度,认定被告人李某平犯受贿罪,判处有期徒刑12年,并处没收个人财产12万元。[1]

甘肃-64受贿案案情:被告人韩某、刘某身为国家机关工作人员,在履行职务过程中不正确履行职责,徇私舞弊,违规出具与事实不符的"稽查便函",致使国家利益遭受重大损失,其行为均已构成滥用职权罪;被告人韩某、刘某身为国家机关工作人员,利用职务上的便利,分别非法收受他人贿赂款30万元和20万元,为他人谋取利益,其行为均已构成受贿罪。被告人刘某受其主管领导指使,不正确履行职责,徇私舞弊,其行为确具从属性,所起作用相对较小,是从犯,依法免除处罚;被告人刘某归案后能够如实供述主要犯罪事实,依法从轻处罚;被告人韩某、刘某退缴全部赃款,酌情从轻处罚。综上,为维护国家机关工作人员职务的廉洁性和国家机关的正常管理活动,打击刑事犯罪活动,以被告人韩某犯受贿罪,判处有期徒刑11年;犯滥用职权罪,判处有期徒刑1年;数罪并罚,决定执行有期徒刑12年。被告人刘某犯受贿罪,判处有期徒刑10年;犯

---

[1] [2015]二中刑初字第177号。

滥用职权罪，免予刑事处罚；数罪并罚，决定执行有期徒刑 10 年。被告人韩某退赃款 30 万元、被告人刘某退赃款 20 万元依法追缴，上缴国库。[1]

四、贪污罪与受贿罪之间的量刑差异

通过计量发现，从贪污罪与受贿罪的量刑比较看，当控制了各个影响因素后，贪污罪量刑比受贿罪量刑轻 0.5 年至 0.6 年。

不仅如此，笔者进一步观察和比较两类犯罪的发案率，通过对全国检察机关 2000 年至 2015 年 16 年间关于腐败犯罪统计数据的梳理和分析，以及对江苏省以及常熟市检察机关反贪部门数字统计的分析发现，三级检察机关的统计数据反映出一致的现象：随着经济社会加速转型，贪污罪和受贿罪在犯罪数量上呈现出不同的变化趋势——前者不断下降，后者呈现不断上升态势。贿赂犯罪成为腐败犯罪的重点和高发领域。来自全国的统计数据表明，2000 年至 2015 年 16 年间，贪污罪的立案数在不断减少，而受贿案的立案数在不断增加。需要说明的是，2012 年以后，贪污罪、挪用公款罪立案数量略有增长，这和十八大以后国家整体反腐败力度增强有关。即便是在这种大的形势和背景下，对比观察 2012 年、2013 年、2014 年的数据能够发现，贪污罪和挪用公款罪案件数量只是微增，每年增长只有几百件，而受贿罪案件数量则是激增，年度增长达上万件甚至是几万件。省市两级的统计也反映出相同的趋势：江苏省检察机关反贪部门 2000 年立案查处的贪污案件占同期查处的职务犯罪案件总数的 36%，到了 2006 年这一比例降至 25%；贿赂案件所

---

[1] [2014] 兰铁中刑终字第 12 号。

占比例则恰恰相反,由 2000 年的 40% 上升到了 2006 年的 65%。江苏省的地级市常熟市及其下辖区武进区,2000 年至 2006 年贪污罪和贿赂罪立案数的反向变化也是如此。[1]笔者通过对中国裁判文书网的检索也发现,多个地区的受贿案件数量都大于贪污案件,这在一定程度上解释了笔者选样时样本区域受贿案件数量为什么是贪污案件的两倍。

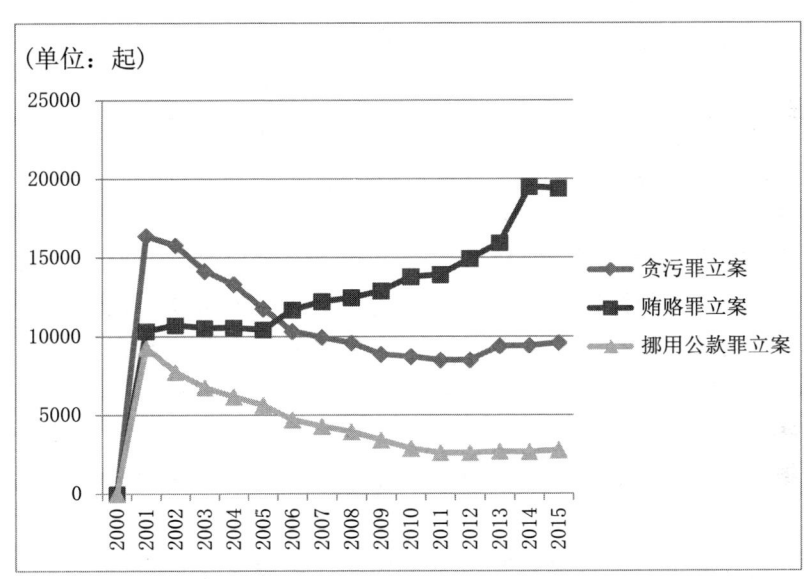

图 5 全国检察机关 2000-2015 年贪污罪、挪用公款罪、贿赂罪立案数量比较图[2]

在个案比较的意义上也能发现这一现象。以成都地区贪污

---

[1] 参见卢志坚等:"反腐新动向调查:贪污案减少,贿赂案增多",载《检察日报》2007 年 2 月 1 日。

[2] 数据来源于《中国法律年鉴》中年度《人民检察院立案侦查职务犯罪案件情况统计表》。

罪编号 12 淦某贪污案和成都地区受贿罪编号 94 徐某受贿案的对比为例，淦某贪污金额为 20 万，徐某受贿金额为 22 万，犯罪数额相差无几，两个案件同样都有自首、悔罪、退赃等从宽情节，均无特殊的从重情节，但是在量刑上，淦某贪污案判决 5 年 6 个月，徐某受贿案判决 8 年，贪污案比受贿案轻了 2 年 6 个月。

成都-12 贪污案案情：被告人淦某在担任中共四川省委老干部局××杂志社出纳期间，利用职务之便，将单位收取的杂志订阅款等汇款，存入自己在陕西街邮政储蓄银行开立的私人账户内。2014 年 5 月 4 日，被告人淦某从该邮政储蓄银行账户内转款 20 万元到自己的浦发银行账户中。5 月 6 日，被告人淦某将该笔款项用于购买一辆大众迈腾汽车供家庭使用。2014 年 9 月 12 日，成都市人民检察院反贪污贿赂局在办理案件时通知被告人淦某接受询问，淦某主动供述了上述犯罪事实。被告人淦某身为国家工作人员，利用职务之便，侵吞公共财物，数额巨大，其行为已构成贪污罪，所得赃款予以追缴退赔。公诉机关指控的犯罪事实和指控罪名成立，法院予以支持。被告人淦某在侦查机关传唤后，如实供述侦查机关尚未掌握的犯罪事实，接受审判，系自首，可减轻处罚。对于被告人淦某的辩护人提出的本案应为职务侵占罪而非贪污罪，被告人淦某在单位的身份一直是工人，其根据单位安排到邮局领取汇款单属于劳务，而非公务的辩护意见，本案中，被告人淦某系在事业单位接受安排从事出纳工作，按月领取工资，系从事公务的行为，故对此辩护意见，法院不予采纳。鉴于被告人淦某归案后认罪态度较好，其家属主动退赔赃款，故对被告人淦某及其辩护人从轻处罚的请求，法院予以采纳。判决被告人淦某犯贪污罪，判处有

第一章 贪污受贿犯罪量刑失衡问题的实证分析

期徒刑 5 年 6 个月。[1]

成都-94 受贿案案情：被告人徐某某从 2008 年 8 月起任××县农村发展局农机监管科科长，负责××县农机购置补贴的监管工作，2013 年至 2014 年期间，其利用职务上的便利，先后收受他人贿赂计 22 万元。法院认为，被告人徐某某身为国家工作人员，利用职务上的便利收受他人现金人民币 22 万元，为他人谋取利益，其行为已构成受贿罪。被告人徐某某主动到检察院投案，如实供述自己的主要犯罪事实，系自首；且被告人徐某某在案发前退还了大部分赃款，案发后退缴了全部赃款，认罪态度好，有悔罪表现，故对被告人徐某某可减轻处罚。××县人民检察院指控被告人徐某某犯受贿罪的事实和罪名成立，法院予以采纳。辩护意见：①关于被告人徐某某有自首情节，认罪悔罪态度较好，案发前主动退还了绝大部分受贿款，案发后又积极配合退回了剩余赃款，无索贿情节的辩护意见予以采纳。②关于被告人 1996 年以来长期患精神分裂症且在羁押期间多次复发，根据《刑法》第 18 条第 3 款的规定，可以从轻或减轻处罚。法院认为，《刑法》第 18 条第 3 款规定，尚未完全丧失辨认或者控制自己行为能力的精神病人犯罪的，应当负刑事责任，但是可以从轻或者减轻处罚。本案中，华西法医学鉴定中心司法鉴定意见书认定被告人对其在 2013 年至 2014 年初的违法行为评定为有刑事责任能力，故被告人不适用该法条的规定。③辩护人称，被告人在农机购置补贴工作中，只是其中一个中间环节，不可能负责××县农机购置补贴审查监管工作；为他人谋取利益仅停留在口头承诺阶段；本案中的受贿无具体请托事项，具有人情往来。经查，被告人在侦查机关的供述证实，行贿人

---

[1] [2015] 青羊刑初字第 235 号。

送钱给被告人是为了在农机购置补贴中予以关照,而被告人也是优先审批,在监管过程中没有为难行贿人;行贿人的陈述证实被告人对行贿人予以了帮助,对其没有严格监管。法院认为,虽然被告人的工作只是农机购置补贴工作中的其中一个环节,但被告人对农机购置补贴负有监管职责,被告人的供述和行贿人的证言证实收钱和送钱均缘于被告人的职务,被告人明知他人送钱的目的而收受其财物不属于人情往来馈赠财物的行为,依法应认定为受贿罪。故辩护人的上述辩护意见不予采纳。法院判决被告人徐某某犯受贿罪,判处有期徒刑8年。[1]

第三节 "刑九"对贪污受贿犯罪量刑失衡的纠偏与不足

一、纠偏:"刑九"的修改与完善

立法设定的刑罚体系严重失衡,是贪污受贿犯罪量刑失衡的主要原因。"刑九"和《解释》作出了针对性调整:

(一)将原来基本只考虑数额作为标准的定罪量刑模式,改为数额与情节并重的定罪量刑模式

这一修改破除了贪污受贿犯罪定罪量刑上的"唯数额论",能够较为全面地反映个案中贪污贿赂行为的社会危害性。[2]尤其对于受贿罪,单以犯罪数额一个指标无法完全评价其社会危害性,受贿罪的"渎职"特征更为明显,情节在评价罪行轻重上有重要作用。

---

[1] [2014]蒲江刑初字第65号。
[2] 参见周光权:"论受贿罪的情节——基于最新司法解释的分析",载《政治与法律》2016年第8期。

第一章 贪污受贿犯罪量刑失衡问题的实证分析

（二）提高了定罪数额起点

贪污受贿犯罪的定罪数额由原来的 5000 元调整为 1 万元到 3 万元。"刑九"采用"数额较大"这种概括式的规定，《解释》将数额予以具体化。通常情况是 3 万元，数额在 1 万元以上不满 3 万元，具有法定六种或者八种较重情节的，也构成犯罪。提高数额标准，将 3 万元以下的一些贪污受贿行为剔出贪污受贿犯罪的犯罪圈，这是立法上以除罪化的方式纠正司法上已经实践但不具正当性的非犯罪化行为。

（三）废除了交叉式的刑罚梯度，改为递进式的刑罚梯度

1997 年《刑法》规定，数额在 5000 元以上不满 5 万元的，处 1 年以上 7 年以下有期徒刑；5 万元以上不满 10 万元的，处 5 年以上有期徒刑。5 万元以上不满 10 万元的，处 5 年以上有期徒刑；10 万元以上的，处 10 年以上有期徒刑、无期徒刑。这两部分刑期都有一定的交叉。"刑九"修改为三档法定刑幅度，从轻到重依次排列，分别是 3 年以下有期徒刑或者拘役，3 年以上 10 年以下有期徒刑，10 年以上有期徒刑、无期徒刑、死刑。这种安排避免了法定刑幅度内的交叉，做到轻重有序衔接，刑罚结构更为合理，法官在适用时也更为明确。

（四）提高各档法定刑的量刑数额标准

《解释》确立了三档法定刑的量刑数额，分别是 3 万、20 万、300 万，相对于原来的 5000、5 万、10 万，分别提高了 6 倍、4 倍、30 倍。原来在 10 万以上处 10 年以上有期徒刑这一刑罚幅度内的量刑问题最大，立法这次作出有效回应，将这档法定刑起点数额提高了 30 倍，幅度也最大。

表 19 1997 年《刑法》数额与刑罚对应关系

数额	5 千元以下	5 千元~1 万元	1 万元~5 万元	5 万元~10 万元	10 万元以上
刑罚	行政处分；情节较重的，2 年以下有期徒刑或拘役	1 年以上 7 年以下有期徒刑；情节严重的，7 年以上 10 年以下有期徒刑。悔改或退赃的，减轻或者免予处罚，行政处分。	1 年以上 7 年以下有期徒刑；情节严重的，7 年以上 10 年以下有期徒刑。	5 年以上有期徒刑；情节特别严重的，无期徒刑。	10 年以上有期徒刑或者无期徒刑；情节特别严重的，处死刑。

表 20 "刑九"、《解释》数额与刑罚对应关系

数额/情节	数额较大（3 万元~20 万元）或其他较重情节（贪污 1 万元~3 万元+六种情节；受贿 1 万元~3 万元+三种情节）	数额巨大（20 万元~300 万元）或有其他严重情节（贪污 10 万元~20 万元+六种情节；受贿 10 万元~20 万元+三种情节）	数额特别巨大（300 万元以上）或有其他特别严重情节（贪污 150 万元~300 万元+六种情节；受贿 150 万元~300 万元+三种情节）
刑罚	三年以下有期徒刑或者拘役	三年以上十年以下有期徒刑	十年以上有期徒刑或者无期徒刑；数额特别巨大，并使国家和人民利益遭受特别重大损失的，处无期徒刑或死刑。

二、不足："刑九"仍存在的问题

"刑九"、《解释》的修改解决了贪污受贿犯罪量刑失衡的诸多问题。但从笔者的实证研究结果来看，有的并没有一改到位，有的只是部分解决，还是遗留了一些问题：

（一）1 万元到 3 万元的定罪起点数额提高不足

在笔者关于"刑九"适用之前受贿案的统计中，数额在 5 万元以下的案件，70% 以上都被判处了缓免刑。像广州地区，判处缓免刑案件的平均数额达到了 6.18 万元。这还是近五年的判决情况。实际上，早在十多年前，沿海经济发达省份的司法系统就已经将受贿数额 5 万元以下的案件定位为小案，原则上要求司法机关尽量办大案，大案率保持在 80% 以上，所以 5 万元以下的受贿案件在实践中往往被放过。[1] 笔者在向不同省份办案人员征询意见时，多数人都认为现在 1 万元到 3 万元的入罪标准在当地来说可能低了。再来观察"刑九"和《解释》之后的数据，北京地区 60 起受贿案件中，适用缓免刑的案件为 14 件，最低数额为 4.5 万元，最高数额为 150 万元，平均数额为 42.6 万元。在犯罪数额 10 万元以下的 10 起案件中，只有 2 起判了实刑，其余都是适用缓免刑。甘肃地区 40 起受贿案件中，适用缓免刑的案件为 14 件，最低数额为 2.8 万元，最高数额为 20 万元，平均数额为 9 万元。在犯罪数额 10 万元以下的 12 起案件中，只有 2 起判了实刑，其余都是适用缓免刑。

（二）提高第三档量刑数额但未扩大刑罚幅度，还是容易造成量刑扎堆现象，导致罪刑不均衡

原来 10 万元以上判处 10 年以上有期徒刑，实际贪污受贿

---

[1] 参见苏丹丹、段宏庆："东莞海关受贿案的'轻判逻辑'"，载《财经》2005 年第 23 期。

10万元和100万元、300万元可能判处的刑期相近，刑罚区分不大导致罪刑失衡。数额起点由10万元提高到300万元将在一定程度上缓解这个问题，但只是部分解决。这一档10年以上有期徒刑的刑罚幅度共6年，起点是300万元。从最近公布的一些案例来看，实践中发达地区贪污、受贿一两千万，也有不少被判处14、15年有期徒刑。300万到2000万，平均一年相隔近300万元。与之相较，第二档20万元以上不满300万元，处3年以上不满10年有期徒刑，平均一年相隔25万元。第三档的刑罚幅度过窄与我国刑法有期徒刑刑期过短，也就是生刑过轻有关。

(三)全国统一数额标准没有顾及贪污受贿犯罪量刑的地区差异

笔者通过四个代表性地区的统计表明，贪污受贿犯罪的量刑存在地区差异。主要原因是地区间经济发展程度不同，单位数额代表的经济价值、社会危害性不同。因此，第二档20万元与第三档300万元的起点数额，在不同省份是否具有普适性存疑。针对"刑九"之前的案件统计发现，甘肃地区贪污罪、受贿罪数额达到300万元以上的案件分别只占到4%和1%。"刑九"之后统计的受贿案件中，300万元以上的案件比例为0.05%。笔者向不同省份办案人员征询意见，得到的回复也有地区差异性，发达地区认为二三档数额起点低了，欠发达地区则认为二三档数额起点高了。

(四)数额与情节关系不清，带来进一步的司法适用问题

过去单以犯罪数额作为贪污受贿犯罪的定罪量刑依据，存在对社会危害性评价不足的缺陷，但也有标准易于统一、便于司法掌握的优势。"刑九"采用数额加情节的立法方式，增设情节评价是较为全面了，但也势必会冲淡数额的作用，为司法带

第一章 贪污受贿犯罪量刑失衡问题的实证分析

来进一步适用的难题,即如何把握数额与情节的关系?在《解释》出台前后,理论上都有较大争议。有论者认为应"以数额为主,以情节为辅"[1],有论者认为应"数额和情节并重"[2],甚至有论者建议"以情节为中心重构贿赂罪罪刑体系"[3]。《解释》相对明确了二者关系,采用以数额评价为主、其他情节作为"定罪或者法定刑升格"条件的规定方式。然而,数额与情节竞合的适用问题,无论实务界还是学界似乎尚未找到妥当的解决办法。[4]当未到升格幅度的数额与情节竞合时,司法实务如何确定其宣告刑?《解释》将前一档半数数额加法定情节分别界定为"其他较重情节""其他严重情节""其他特别严重情节"。以第二档幅度"20万元~300万元"数额巨大为例,受贿10万元以上不满20万元(第一档半数的数额),同时具有法定八种情节的,升格到本档刑罚;受贿150万元以上不满300万元的,同时具有法定八种情节的,升格到第三档刑罚。问题是,当受贿数额在20万元以上不满150万元,同时具有法定八种情节时,如何从重确定宣告刑?

(五)情节规定不合理,数额、情节的调节幅度不明确

从笔者对判决书的统计和分析来看,《解释》的有些情节规定尚欠合理,主要有以下几个方面:

其一,"曾因故意犯罪受过刑事追究的",笔者在678件判

---

[1] 参见陈兴良:"贪污贿赂犯罪司法解释:刑法教义学的阐释",载《法学》2016年第5期。

[2] 参见周光权:"论受贿罪的情节——基于最新司法解释的分析",载《政治与法律》2016年第8期。

[3] 参见李本灿:"以情节为中心重构贿赂罪罪刑体系——兼评《刑法修正案(九)》(草案)贿赂罪定罪量刑标准的修订",载《南京大学学报(哲学·人文科学·社会科学版)》2015年第4期。

[4] 梁根林:"贪污受贿犯罪定罪量刑标准的立法完善",载《中国法律评论》2015年第2期。

决书中只发现一例近似,还是被告人在故意犯罪缓刑考验期内又犯受贿罪的情形。《公务员法》《公司法》等法律规定很明确,因故意犯罪受过刑事追究的,原则上不能成为国家工作人员,如果是在职人员犯罪的,应当被开除公职。所以这一规定事实上几乎不存在适用的可能。而且,刑法对累犯也只是规定从重处罚,而不能将累犯情节作为影响定罪和法定刑升格的条件。受贿人"曾因故意犯罪受过刑事追究"的事实很可能连累犯都不能成立,从法律效果上看,一个连从重处罚都谈不上的事实,反而成为定罪或法定刑升格的条件,在法理上讲不通。[1]

其二,"拒不交待赃款赃物去向或者拒不配合追缴工作,致使无法追缴的",也不应作为加重情节。对于行为人而言这是没有期待可能性的行为,不能将这种情节作为增加预防刑的情节。[2]而且,将犯罪后的表现"回溯性"地作为左右定罪的情节,也与犯罪成立的一般原理相悖。[3]

其三,原来的"索贿从重"变成"多次索贿"作为升格情节,索贿本身就是体现行为人主观恶性的行为,一次也应从重。此外,何以界定"多次"?有些情形下的一次索贿甚至重于某些情形下的多次索贿。

其四,"为他人谋取不正当利益,致使公共财产、国家和人民利益遭受损失的",正当利益和不正当利益容易区分,但是"致使公共财产、国家和人民利益遭受损失"如何理解?造成物质损害、人员伤亡或者枉法裁判、放纵罪犯等较为明确,在经

---

[1] 周光权:"论受贿罪的情节——基于最新司法解释的分析",载《政治与法律》2016年第8期。

[2] 参见张明楷:"论犯罪后的态度对量刑的影响",载《法学杂志》2015年第2期。

[3] 周光权:"论受贿罪的情节——基于最新司法解释的分析",载《政治与法律》2016年第8期。

济行为中为他人提供便利,剥夺另一方的交易机会给他人利益造成损失的,是否属于"致使人民利益遭受损失"?

其五,如何掌握数额比例对量刑情节的调节作用,从而做到量刑均衡?300万元、500万元、800万元、1000万元、2000万元等各种数额,如何与刑期相对应?"为他人谋取不正当利益,致使公共财产、国家和人民利益遭受损失的"的情节也有程度之分,如何发挥情节轻重的量刑调节作用?《解释》对这些都没有明确。"刑九"规定了特别宽宥制度,犯贪污受贿犯罪,在提起公诉前如实供述自己罪行、真诚悔罪、积极退赃、避免、减少损害结果的发生,可以从轻、减轻或者免除处罚。这一规定本身和《刑法》总则中自首、坦白制度重合或者冲突,在总体上不具有必要性和妥当性。[1]而且《解释》也没有规定自首、立功、坦白、退赃、悔罪这些从轻情节的量刑调节比例。

(六)贪污罪和受贿罪的刑罚没有分设

尽管有很多理由支持贪污罪和受贿罪分设刑罚,学界也有很多赞同的观点。比如,代表性的观点认为,尽管贪污罪与受贿罪都属于贪污贿赂类犯罪,都侵犯了国家工作人员职务的廉洁性,但两罪在侵犯的具体客体、社会危害程度、犯罪成本、反腐政策指向的重点等方面都存在相当差异,不应适用同一的定罪量刑标准,并认为这是个亟须修正的重要问题。[2]但是这次"刑九"没有走出这一步,应当说有些遗憾,期待下次修法时予以解决。

---

[1] 参见梁根林:"贪污受贿犯罪定罪量刑标准的立法完善",载《中国法律评论》2015年第2期。

[2] 参见赵秉志:"贪污受贿犯罪定罪量刑标准问题研究",载《中国法学》2015年第1期。

第四节 小结：贪污受贿犯罪发案态势与量刑问题

一、权钱交易型犯罪（受贿犯罪）在实践中呈现不断上涨态势，原因及惩防对策需要深思

从全国各级检察机关立案及统计数据来看，自 2000 年以后，贪污罪立案数量逐年下降，受贿罪立案数量逐年上升。2006 年是个时间节点，受贿罪的立案数首次超过贪污罪。至今，贪污罪年度立案数量低于 1 万件，受贿罪年度立案数量接近 2 万件，两罪的年度立案数量差距达到 1 万件。这种变化具有深刻意义，提示我们在政治经济社会发展的时代大背景下，注意思考贪污受贿犯罪数量变化背后的深层次原因及相应的刑事政策调整方略。

二、犯罪涉案额与地区经济发达程度存在显著的正相关关系

从地区比较来看，发达地区贪污受贿犯罪的犯罪涉案额远高于欠发达地区。从笔者统计的"刑九"适用之前的受贿案件来看，北京的涉案金额平均为 200 万元，广州的涉案金额平均为 114 万元，成都的涉案金额平均为 55 万元，甘肃的涉案金额平均为 45 万元，呈阶梯式下降。2004 年、2005 年是节点，中等发达地区贪贿犯罪平均涉案金额突破 20 万元。整体而言，集中在 10 万元~500 万元这个区间，约占 60%。

三、在实际量刑结果中,数额因素占据绝对权重且与时间呈线性关系,是否自首、坦白、退赃对量刑亦有较大影响

"刑九"适用之前,贪污受贿犯罪全额超过20万元的量刑区间集中在10年至12年,其中以10年压线判刑居多。数额在500万元至1000万元的案件中,量刑结果集中在有期徒刑15年、无期徒刑、死刑三个幅度;数额在1000万元以上,集中在无期徒刑、死缓两个幅度内。

实际影响量刑的因素包括:数额、自首、身份、共同犯罪、认罪态度、索贿、立功、坦白、退赃、谋取利益是否正当、是否造成损失、谋取利益是否成功。数额、自首、坦白、退赃在法官实际量刑时影响较大,占据较大权重。通过计量分析,在贪污案中,犯罪数额、是否自首、是否坦白、是否退赃、是否有其他犯罪的估计系数显著,这些因素占了受贿罪贪污量刑结果的84.5%。犯罪数额每增加1万元,量刑增加2.4%。自首、坦白、退赃、没有其他犯罪要比不自首、不坦白、不退赃、有其他犯罪分别减轻量刑3.3年、2.1年、1.5年、1.8年。在受贿案中,犯罪数额、是否自首、是否悔罪、是否有其他犯罪的估计系数显著。这些因素占了受贿罪量刑结果的83.0%。犯罪数额每增加1万元,量刑增加2.4%。自首、悔罪平均减轻量刑1.7年、1.0年。具有其他犯罪平均增加量刑1.6年。其他因素,如贪污受贿次数、贪污赃款性质,实际量刑时体现不明显。受贿罪中,索贿和谋取利益的情节对量刑结果没有显著影响,这在个案的比较中也有体现。值得注意的是,在个案中,是否谋取不正当利益(医药等民生领域)、是否给国家造成损失、是否造成特别恶劣的影响,对加重量刑有较大影响。

四、贪污受贿犯罪量刑地区差异明显

这主要表现在不同省、市以及市辖不同区县之间。初步的结论表明：经济越活跃越发达，相同数额量刑越轻，呈负相关关系。三档刑罚幅度的起点数额，在不同省份特别是发达地区与落后地区之间，是否具有普适性，是否应适用同一标准存疑。样本分析显示，郊县打击力度较轻，城区打击力度较重。同一法院量刑尺度总体波动不大，但是具体到个案，量刑也存在任意性。比如，同一法院，同样是贪污，都是有自首、退赃、认罪态度较好情节，19万元判5年，12万元判6年，13万元判7年，11万元判8年，58万元判9.5年。这种尺度不一情况较为普遍。

五、"刑九"适用之前贪污受贿犯罪量刑呈现"轻缓化、失衡化、不公化、低效化"四个方面的特点

第一，轻缓化。缓免刑适用率高，从轻情节评价过度，从重情节评价不足，有期徒刑各档就低压线判罚较多。从各地法院的判决来看，贪污受贿犯罪量刑都有明显的降档、降格处理倾向，在法定刑幅度内量刑的，一般均从轻处罚；减轻处罚的，在法定量刑档次甚至下减两档量刑。法定和酌定从宽情节适用比率高，且适用混乱，酌定情节与法定情节适用效果相同。共同犯罪的场合，数额认定倾向于以"分得数额"论，量刑明显从轻。

第二，失衡化。量刑数额、情节适用具有任意性，量刑标准、尺度严重不统一。"量刑扎堆"导致刑罚阶梯效应失灵。在数额大于10万元后，量刑失衡现象明显。同一法院，10万元可能与100万元、500万元判处相同刑期。具体表现在：在数额小

于 10 万元的案件中，数额与刑期成正相关关系，基本遵循 1 万元增判 1 年的规律（不考虑其他情节影响）。在数额大于 10 万元的案件中，数额与刑期的正相关关系逐次衰减。每 1 万元数额对应增加的刑量，从 1 年、0.5 年、0.2 年、0.05 年等递减。

第三，不公化。在许多个案中突破法律规定量刑，出现"当严不严"现象。在没有任何法定或酌定情节的情况下，降档量刑也存在。

第四，低效化。整体宽宥的量刑结果导致刑罚威慑和预防功能难以实现，"留口子"会给犯罪分子及公职人员以侥幸心理，刑罚效应难以实现。

六、"刑九"和《解释》的修改部分解决了贪污受贿犯罪量刑失衡问题，但是仍然遗留了诸多问题

第一，1 万元到 3 万元的定罪起点数额提高不足。量刑轻缓化、从轻情节评价过度、从重情节评价不足现象仍然存在。

第二，提高第三档量刑数额但未扩大刑罚幅度，还是容易造成量刑扎堆现象导致罪刑不均衡。

第三，全国统一数额标准没有顾及贪污受贿犯罪量刑的地区差异。

第四，数额与情节关系不清，带来进一步的司法适用问题。

第五，情节规定不合理，数额、情节的调节幅度不明确。

第六，贪污罪与受贿罪适用同一刑罚标准，不符合罪刑相当原则。在各地法院实际量刑的综合考量中，对受贿罪的惩处力度明显高于贪污罪。

第二章
贪污贿赂犯罪量刑失衡原因的多维解读

第一节 立法层面的原因

一、贪污受贿犯罪定罪量刑标准的历史演进

中华文明博大精深,中华法系源远流长,孕育了丰富的法律文化,堪称早慧和早熟。早自尧舜禹时代就有着对贪污受贿行为处罚的记载。[1]夏商周时期亦有惩治贪污受贿行为的规定。夏朝对"墨"罪(官员违法乱纪的行为)处以极刑,商朝规定有"三风十愆"之罪,西周《吕刑》明确规定了司法官员的五种职务犯罪"惟官、惟反、惟内、惟货、惟来","惟货"和"惟来"即指贪赃枉法。秦汉之时,将贪污受贿行为纳入盗窃行为中一起规制,并且不计数额,只要有行为就入罪且予以重罚。《云梦秦简》中规定:"通一钱者,黥为城旦"。汉代立法技术已有显著提升,对贪污受贿行为类型化规定,比如将受贿分为受所监、受所治、受所将、受所行等。魏晋南北朝时期,《魏律》18篇基本上形成了中国历史上比较完整的刑法体系,其中第12篇《请赇律》是关于官员贿赂犯罪的惩罚规定,第17篇《偿赃律》是关于官吏贪赃枉法的惩罚规定。这两篇是我国最早

---

〔1〕 参见周密:《中国刑法史纲》,北京大学出版社1998年版,第25页。

第二章 贪污贿赂犯罪量刑失衡原因的多维解读

的惩治贪污贿赂犯罪的系统化立法。[1]

唐律系中华法律文明的集大成者。唐律的立法技术已相当发达,不仅在《名例律》中对贪污受贿犯罪进行原则性规定,首次辟专章对贪污贿赂罪作详细规定,并确立以财产价值作为财产犯罪定罪量刑依据的"计赃定罪"的刑罚原则。唐律确定"以绢计赃",《唐律疏议》第282条规定:"诸窃盗,不得财笞五十;一尺杖六十,一匹加一等;五匹徒一年,十匹加一等,五十匹加役流。"[2] 宋朝在"以绢计赃"的基础上,又发展出"以钱定罪"的方式。宋太祖制定的《窃盗法》,首次规定计钱论罪的计赃标准,"犯窃盗赃满三贯文,坐死。不满者节级科罪。其钱八十为陌"。[3] 这种财产犯罪定罪量刑方式为后世宋元明清所沿袭。

采用西方国家刑法体例、刑罚制度与刑法原则的《大清新刑律》,作为中国历史上第一部近代意义上的专门刑法典,在其第6章"渎职之罪"对受贿犯罪、第33章"诈欺取财之罪"对贪污犯罪的刑事责任进行规定。对贪污受贿犯罪采取了"立法定性、司法定量"的定罪量刑模式。

中国共产党领导的新民主主义革命法制对贪污受贿犯罪行为也进行了规制。第一次国内革命战争时期产生的革命刑法对贪污受贿犯罪的惩治强调"情节"在贪污受贿犯罪定罪量刑标准中的重要地位。在工农民主政权时期,中国共产党领导下的苏区政府对贪污受贿犯罪行为的惩治是严厉的,贪贿数额的多少并不影响行为的定罪,但却是决定刑罚轻重的主要依据。抗

---

[1] 参见赵秉志:"贪污受贿犯罪定罪量刑标准问题研究",载《中国法学》2015年第1期。
[2] 《唐律疏议·卷十八·贼盗凡》。
[3] 《宋刑统·卷十九·强盗窃盗·准敕条》。

日战争时期，陕甘宁边区政府制定的刑法规范中，载明贪污犯罪的量刑除有数额标准外，还有影响标准，即要考虑数额之外的影响大小情况。解放战争时期，在较有代表性的晋冀鲁豫边区政府于1948年颁布的《晋冀鲁豫边区惩治贪污条例》中，贪污数额多少和影响大小仍是贪污犯罪的量刑标准，同时数额多少也是贪污犯罪的定罪标准。[1]

新中国成立后的最初几年，由于忙于抗美援朝、土地改革、经济文化事业恢复和各项建设事业的发展，导致转轨期贪污浪费和官僚主义问题大量滋生，中央作出"三反"运动决定，并于1952年4月21日公布施行了《中华人民共和国惩治贪污条例》（以下简称《条例》），其基本内容是：第一，规定了贪污罪的概念。《条例》第2条规定："一切国家机关、企业、学校及其附属机构的工作人员，凡侵吞、盗窃、骗取、套取国家财物，强索他人财物，收受贿赂以及其他假公济私违法取利之行为，均为贪污罪。"第二，确立了惩治贪污犯罪的政策原则。即要贯彻执行过去从宽，今后从严，多数从宽，少数从严，坦白从宽，抗拒从严和对国家工作人员从严，对非国家工作人员（除一小部分罪大恶极者外）从宽的原则。只有这样，才能妥善地处理在运动中暴露出来的许多复杂问题。第三，规定了多样化的刑罚，便于灵活掌握，刑种有死刑、无期徒刑、有期徒刑、劳役、管制，以及罚金、没收财产和剥夺政治权利等。该条例以赃计刑，对贪污罪的处罚分为四个等级：一为判处10年以上有期徒刑或无期徒刑，情节特别严重者判处死刑；二为判处5年以上10年以下有期徒刑；三为判处1年以上5年以下有期徒刑，或者1年至4年的劳役，或1年至2年的管制；四为判1年

---

[1] 参见赵秉志："贪污受贿犯罪定罪量刑标准问题研究"，载《中国法学》2015年第1期。

以下有期徒刑、劳役或管制，或免除刑罚给以行政处分。第四，规定了若干法定情节。如，《条例》规定：犯贪污罪有下列情形之一者，得从重或加重处刑：对国家和社会事业及人民安全有严重危害者；出卖或坐探国家经济情报者；贪赃枉法者；敲诈勒索者；集体贪污的组织者；屡犯不改者；拒不坦白或阻止他人坦白者；为消灭罪迹而损坏公共财物者；为掩饰贪污罪行嫁祸于人者；坦白不彻底，判处后又被人检举出严重情节者；犯罪行为有其他特殊恶劣情节者。犯贪污罪而有下列情形之一者，得从轻或减轻处刑，或缓刑，或免刑予以行政处分：未被发觉前自动坦白者；被发觉后彻底坦白、真诚悔过并自动地尽可能缴出所贪污财物者；检举他人犯本条例之罪而立功者；年岁较轻或一向廉洁，偶犯贪污罪又愿真诚悔改者；等等。[1]《条例》对贪污受贿犯罪定罪量刑标准详尽的规定为以后的立法奠定了基础。现在看来，其所规定的刑事政策以及列举的加重、减轻情节，对于贪污受贿犯罪定罪量刑标准的完善仍具有重要的借鉴价值。

1979年，历经三十多稿的修改，新中国第一部刑法典诞生了。由于立法者认为贪污罪和受贿罪的犯罪客体有所不同，1979年刑法典将贪污罪和受贿罪分别规定在第五章"侵犯财产罪"和第八章"渎职罪"中，并规定了不同的定罪量刑标准。与1952年《条例》不同，1979年《刑法》对贪贿犯罪采用概括数额而非具体数额的立法模式，以贪污公共财物（收受贿赂）、数额巨大且情节严重（致使国家或者公民利益遭受严重损失）、情节特别严重作为三档刑罚标准，在司法解释中规定了1000元的起刑立案标准。

---

[1] 参见高铭暄、赵秉志：《中国刑法立法之演进》，法律出版社2007年版，第35~36页。

1982年全国人大常委会通过的《关于严惩严重破坏经济的罪犯的决定》又将受贿罪和贪污罪的法定刑合一规定,受贿罪适用贪污罪的法定刑标准,并对受贿罪增设了"情节特别严重"处"无期徒刑或者死刑"的规定。1988年全国人大常委会颁布的《关于惩治贪污罪贿赂罪的补充规定》(以下简称《补充规定》),沿用受贿罪适用贪污罪法定刑标准的模式,将法定刑从重到轻排列,并将立法上的概括数额调整为具体数额模式,规定2000元作为起刑点。1997年刑法典沿用了《补充规定》的模式,将贪污罪和受贿罪规定在一章中,受贿罪适用贪污罪的法定刑标准,刑罚排列由重到轻,并采用具体数额的立法模式,起刑点调整为5000元。

2015年8月29日第十二届全国人民代表大会常务委员会第十六次会议通过、2015年11月1日正式施行的《刑法修正案(九)》将沿用18年之久的贪污受贿"具体数额"的定罪量刑模式修改为"概括数额+弹性情节"的定罪量刑模式,删去具体数额,原则规定数额较大或者情节较重、数额巨大或者情节严重、数额特别巨大或者情节特别严重三种情况,相应规定三档刑罚,具体标准交由"两高"司法解释予以确定。2016年4月18日最高人民法院、最高人民检察院联合发布的《关于办理贪污贿赂刑事案件适用法律若干问题的解释》将数额与情节进一步具体化,贪污受贿犯罪的定罪数额由原来的5000元调整为1万元到3万元。1997年《刑法》数额在5000元以上不满5万元的,处1年以上7年以下有期徒刑;5万元以上不满10万元的,处5年以上有期徒刑;10万元以上的,处10年以上有期徒刑、无期徒刑。这两部分刑期都有一定的交叉。"刑九"修改为三档法定刑幅度,从轻到重依次排列,分别是3年以下有期徒刑或者拘役,3年以上10年以下有期徒刑,10年以上有期徒刑、无期徒刑、死刑。《解释》确立了三档法定刑的量刑数额，分别是3万、20万、300万，相对于原来的5000、5万、10万，分别提高了6倍、4倍、30倍。

二、立法上固定数目刑的定罪数额标准相对于经济发展的滞后性

立法上固定数目型的定罪数额标准跟不上经济发展、通货膨胀导致的货币购买力变化，是司法实务中量刑轻缓化的主要原因。

新中国成立后，贪污受贿犯罪在设计之初就因袭了传统刑律财产犯罪"计赃定罪"的模式，1979年《刑法》更是将罪规定在侵犯财产罪一章。自1979年新中国第一部刑法典施行到1997年《刑法》，贪污受贿犯罪都是采取确定具体数额的定罪量刑模式。如果说在稳定、封闭、自给自足的小农经济形态下，币值受经济波动的影响较小，传统刑律采用固定币值的方式基本能够实现罪刑平衡。那么在市场经济、货币经济的当代社会，人均收入水平不断提高、居民消费价格指数不断上升、货币购买力不断下降，这种固定数目型的定罪量刑模式就难以适时地反映出单位货币所体现的社会危害性的变化。[1]其实立法者早已注意到这一问题，贪污受贿犯罪的定罪数额也就是起刑点历经三次调整，1979年《刑法》没有规定具体数额，司法解释确立1000元的立案标准；1988年《补充规定》规定构成贪污罪、受贿罪的数额一般为2000元；1997年《刑法》规定贪污受贿犯罪的起刑点为5000元。从频率来看，大概每隔十年调一次，每次标准都是逐步上升。

---

［1］ 参见陈磊："犯罪数额规定方式的问题与完善"，载《中国刑事法杂志》2010年第8期。

1997年到2015年近20年的时间里，贪污受贿犯罪都是适用5000元的数额起点标准不变。这20年特别是后10年，是中国经济高速发展，维持高增长的黄金期。中国由积贫积弱的落后国家迈向世界第二大经济体，中国GDP年增长8.6%，位居世界第一。1988年全国城镇居民人均可支配收入为1119元，1998年这个数字是5425元，2008年是15 781元，2015年是31 195元，三十年间增长了近三十倍。有经济学学者从居民家庭人均收入、居民人均储蓄着手，对"万元户"财富的历史变迁进行测算。结果是1981年的万元财富相当于当时人均储蓄的200倍，折算到现在差不多是255万元。今天的百万尚不及30年前的1万。[1]这一研究揭示出单位币值购买力随着时间所发生的惊人的变化。

从笔者的统计来看，司法实践已经在用轻缓化的量刑来弥补立法没有适时调整带来的问题，具体的表现就是一定数额以下多用缓免刑，多用从轻情节，少用从重情节。最高人民法院一位副院长曾经坦言，实践中许多涉案金额为几万元的贪贿案件并没有被移送到法院。[2]先看"刑九"之前的数据，在笔者统计的"刑九"之前的479件受贿案件中，数额在5万元以下（含5万元）的，共有170件。其中，共有120件免予处罚和缓刑（27件免予处罚），占比达70.59%。这充分说明，数额在5万元以下的大部分贪污受贿案件都不判处实刑。再看"刑九"和《解释》出台之后的数据，北京地区60起受贿案件中，适用缓免刑的案件为14件，最低数额为4.5万元，最高数额为150

---

[1] 参见钟伟："极速货币化：中国金融的幸与不幸"，载《南方周末》2009年8月12日。

[2] 参见"最高法院副院长建议调整贪污贿赂罪起刑点"，载《重庆晚报》2009年11月4日。

万元，平均数额为 42.6 万元。在犯罪数额 10 万元以下的 10 起案件中，只有两起判了实刑，其余都是适用缓免刑。甘肃地区 40 起受贿案件中，适用缓免刑的案件为 14 件，最低数额为 2.8 万元，最高数额为 20 万元，平均数额为 9 万元。在犯罪数额 10 万元以下的 12 起案件中，只有两起判了实刑，其余都是适用缓免刑。这种低数额适用缓免刑的普遍现象很难用司法官故意轻纵贪官来解释，可以把它理解成事实上的非刑罚化，是司法者确立了自己的司法适用标准，是司法上的"非犯罪化"。

三、立法上单一数额标准与刑罚结构问题导致量刑失衡

立法上采用单一数额标准，量刑数额起点低、容纳金额空间大，有期徒刑刑期过短，这些是造成量刑"扎堆"、刑罚阶梯效应失灵以及量刑失衡问题的主要原因。

"刑九"出台之前，贪污、受贿 5 万元到 10 万元，处 5 年以上有期徒刑；情节严重的，判处无期徒刑。贪污、受贿 10 万元以上，处 10 年以上有期徒刑或者无期徒刑。笔者的统计表明，贪污、受贿数额在 5 万元以下的大部分案件都不被判处实刑。5 万元和 10 万元的量刑数额起点过轻，与实践不相符。在笔者的统计中，许多案件进入这两个幅度时，都被压在最低线论处，就是为了缓解数额太轻而刑罚太重的矛盾。实践中从 10 万元到 1000 多万元，都有在 10 年到 15 年有期徒刑这 5 年的幅度内量刑的。数额幅度太大，刑罚幅度太小，造成刑罚没有区分度，无法实现报应和特殊预防的刑罚目的。立法上基本只采用数额作为定罪量刑的标准，对于贪污受贿犯罪，尤其是受贿罪，情节也是影响量刑的重要因素，司法官在裁判时不可能不考虑这一点。这就容易造成同样或者接近的数额判处的刑期有较大不同，或者差异较大的数额判处刑期接近。如果用图表表

示就是一张离散的图,给人的印象就是量刑失衡。有论者因此认为贪污受贿案件裁判环节心证形成模糊,主刑判处随意。[1] 即便实际情况是法官的裁判依据是综合全案案情,裁判尺度基本保持了一致,如果只考察数额与刑期的对应关系,特别是数额在10万元以上,判处10年以上有期徒刑的刑罚幅度内,也会有不均衡的观感。

第二节 司法实践层面的原因

一、历史文化传统

贪污受贿犯罪的主体是国家工作人员。中国社会自古以来就有以身份定秩序的礼制文化。中国古代法律始终承认一些人在法律上的特权,在法律上加以特殊的规定。这些人包括"八议"者、各级官吏及这两类人的亲属,他们在法律上的地位与庶民迥然不同,可以称之为法律上的特权阶级。[2]

第一,官吏不受司法机构及普通法律程序约束。许多时代的法律都规定司法机构不能擅自逮捕审问他们,除非有皇帝的许可。"汉代有先请之制,贵族及六百石以上官吏有罪,须先请方得逮捕审问。宋神宗诏,品官犯罪,按察之官并奏劾听旨,毋得擅捕系罢其职。明清二代,八议者犯罪,官吏不能擅自逮捕,须先将所犯事情实封奏闻取旨,奉旨推问,才许鞫问,若奉旨免究,便作罢论。""八议"以外的官吏也能享受这种优待。明律规定,京官及在外五品以上官有犯皆须奏闻请旨不许擅问。清律规定无论大小官员,所司皆须开具事情实封奏闻取旨,不

---

[1] 参见陈伟、蔡荣:"基层贪污受贿案件的量刑失衡及其规范——以江西某市近三年贪污受贿案件为样本",载《江西社会科学》2015年第12期。

[2] 参见瞿同祖:《中国法律与中国社会》,中华书局2003年版,第224~235页。

第二章 贪污贿赂犯罪量刑失衡原因的多维解读

许擅自勾问。

第二,官吏不受拘系刑讯。汉孝惠制,爵五大夫、吏六百石以上及官皇帝知名者,有罪当盗械者皆颂系。唐宋元明清明文规定官吏不受刑讯。凡应入议之人不合用刑拷讯,皆据众证定罪,违者以故失人罪论。

第三,官吏被审问以后,法司不能按照普通的司法程序加以决断。依照汉制,在先请之列的贵族及官吏有罪,须得到皇帝的批准才能判刑。唐、宋时"八议"犯死罪非十恶者,条录所坐及应议之决,先奏请议,由都座集议,议定奏裁,由皇帝裁决,议者只能原情议罪,不能正决。清朝不问大小官员均须依照议奏闻的手续,候复准方得判决。

第四,官吏犯罪在量刑时可以获得优待。按照隋制,"八议"以内及官员七品以上犯罪,例减一等,八、九品官亦许赎罪。依唐律、宋律规定,"八议"以内除死罪须议请外,流罪以下,罪非十恶,便可由所司依例减一等断讫。八议以外的官秩较小的也有详细的减赎办法,七品以上官犯流罪,非十恶,反逆、缘坐、杀人、监守内奸、盗、略人、受财枉法者,减一等,八、九品官流罪则听赎。

第五,官吏在刑罚实际执行时都有优免的机会。官员犯罪,无论公罪、私罪,判刑后都可以罚俸、收赎、降级、革职等方式抵刑。依隋、唐、宋之制,品官犯罪除得赎外,徒、流罪又可以官当,以官爵大小折抵罪刑,官爵愈高,则所当之罪愈多,而减免的机会亦愈多,分别官阶大小,抵罪若干,办法较前代为复杂,而对于大官的优待亦较前代为厚。据《开皇律》《唐律疏议》《宋刑统》等律,犯私罪以官当徒者,五品以上官当徒二年,九品以上官当徒一年;犯公罪当徒者,五品以上官当徒三年,九品以上官当徒二年,当流者三流同比徒四年。唐宋时期对官吏犯罪的优待最甚,可谓无微不至。官当虽至多比徒三年,但另以种种方式使之不致实徒实流,同时,又设法保留犯官的官位,使之不致因之而断送政治生命。除名免官等法并不是永远剥夺官吏的政治生命,那只是暂时的,"以官当罪者期年后但降先品一等叙",便是罪犯除名免官若干年后亦听叙官,叙官以后又可以享受官吏在法律上的种种特权了。

第六,官吏在诉讼上的优待。士大夫以涉足公庭为耻,与平民诉讼对簿公庭被认为有辱官体。因此,平民与官吏在诉讼上的地位并不平等。平民不得与官吏在庭上对质,平民不能当面控诉他,他也没有在法官面前答辩的必要。明清严禁有司以公文行移,违者有罚:"凡官吏有争论婚姻、钱债、田土等事,听令家人告官对理,不许公文行移,违者笞四十。"

上述官员所获得的身份特权在今日亦有所体现。比如,官员犯罪在移交司法处理之前的"先请"制度,现在也有明文的制度规定,对一定级别官员涉嫌犯罪的审查需要先经审批才可以进行。一些地方已经形成了检察院查办腐败官员要先向当地领导"报告"的潜规则。有些地方领导告诉检察院,在查办某某级别以上的干部时一定要先向领导汇报;有些地方领导甚至以"发展经济"和"维稳"等理由阻止检察院调查某些部门或系统中的贪腐案件。[1]再比如,对官员犯罪刑罚执行期间的处遇措施事实上也与普通人有所区别。根据研究者对2002年至2006年重庆市某执行机关服刑的21名职务犯罪罪犯与其他类型犯罪罪犯的情况比较分析,职务犯罪罪犯在刑罚执行期间受到的处遇也优于其他普通的罪犯。据统计,这21名职务犯罪罪犯全部从事的是劳动强度相对低的岗位,担任的是"事务犯"的

---

[1] 参见何家弘:"宽严相济与中庸反腐",载《法学家》2015年第5期。

角色，而其他罪犯，除个别有特殊技能的罪犯在特定岗位上外，绝大多数被安排在劳动强度较高的生产岗位上。2002年至2006年，这21名罪犯均获得过减刑，减刑比例达100%；而同期该监管场所其他罪犯减刑比例仅为23.92%。这21名罪犯中，共减刑计29次，其中，有1名罪犯获得减刑3次，有6名罪犯获得减刑2次（不包括2002年前已获得减刑而2002年后继续减刑的情况）。而其他罪犯获得减刑的次数一般为1次。在29次减刑中，平均每次减刑幅度为10.44个月，有个别罪犯的实际执行刑期，经几次减刑后已接近达到法律规定的底线，而其他罪犯平均每次减刑幅度仅为3.27个月。[1]也就是说，一般情况下，处以同样刑期，职务犯罪的罪犯要比普通罪犯提前出狱。

二、司法政策与案外因素

自20世纪80年代以来，作为对社会转型期严重犯罪形势的回应，我国在很长一段时间内奉行"严打"的刑事政策，从速从严的刑事政策对于遏制犯罪形势、维护社会秩序起到了积极作用，但是也带来任意出入罪、刑讯逼供和重刑的弊端。随着问题的逐渐暴露，21世纪以来，最高司法机关开始意识到问题的严重性，进而调整相应政策，实行宽严相济的刑事政策。2007年7月8日，最高人民法院、最高人民检察院联合发布《关于办理受贿刑事案件适用法律若干问题的意见》提出："依照本意见办理受贿刑事案件，要根据刑法关于受贿罪的有关规定和受贿罪权钱交易的本质特征，准确区分罪与非罪、此罪与彼罪的界限，惩处少数，教育多数。在从严惩处受贿罪的同时，对于具有自首、立功等情节的，依法从轻、减轻或者免除处

---

[1] 参见徐龙："职务犯罪罪犯减刑失衡分析"，载《重庆工商大学学报（西部论坛）》2008年第S1期。

罚。"2010年，最高人民法院颁布《关于贯彻宽严相济刑事政策的若干意见》提出："要根据经济社会的发展和治安形势的变化，尤其要根据犯罪情况的变化，在法律规定的范围内，适时调整从宽和从严的对象、范围和力度。……对于犯罪性质尚不严重，情节较轻和社会危害性较小的犯罪，以及被告人认罪、悔罪，从宽处罚更有利于社会和谐稳定的，依法可以从宽处理。"

最高司法机关确立的宽严相济刑事政策本身是符合司法规律的政策导向，但在实践中对贪污受贿犯罪的查处时，宽严相济政策遭到了"误读"[1]，变成了去严就宽，没有做到"不偏不倚"[2]。最高人民法院原院领导熊选国在分析职务犯罪之所以缓刑适用率高的原因时也认为："对于相关政策、法律的认识和把握存在偏差，也是其中的重要原因之一。有的法院和法官对宽严相济的刑事政策不能辩证地加以理解，在贯彻时比较注意宽缓的一面，不适当地强调职务犯罪的职务特征，认为犯罪分子被判刑后随着其职务的丧失，已经失去了再次犯罪、危害社会的可能，并依此作为适用缓刑的理由。对监禁刑特有的教育、惩治功能有所忽视，对适用非监禁刑所需的社会民意基础和过多适用缓刑的社会负面效果关注不够。"[3]实践中去宽就严政策导向的原因很复杂，有腐败犯罪的严峻形势，某些领域、某些地区普遍的腐败现象导致司法官认为"法不应责众"。例如，面对大规模的商业贿赂现象，有论者就提出不能打击面过大，如果打击面过大不但影响社会的稳定，而且必将遭遇太多

---

[1] 参见孙国祥："宽严皆失：贪污贿赂犯罪的量刑失衡之乱象及纾解"，载《甘肃政法学院学报》2009年第5期。

[2] 参见何家弘："宽严相济与中庸反腐"，载《法学家》2015年第5期。

[3] 参见熊选国："全面加强刑事大案要案审判工作，为经济社会和谐稳定发展提供有力司法保障"，载最高人民法院刑事审判第一、二、三、四、五庭主办：《刑事审判参考》（总第57集），法律出版社2007年版，第116页。

第二章 贪污贿赂犯罪量刑失衡原因的多维解读

的阻力，其效果也不尽如人意。[1]"对于在一些领域和行业中带有一定普遍性、涉案人员众多的案件，要充分考虑办案的政治影响和社会影响，教育和警示大多数。"[2]也有更为具体微观的原因，比如职务犯罪案件侦查难、取证难，司法实践中为了获取足够的证据把案件办成，司法人员选择与犯罪嫌疑人、被告人进行实质性的"辩诉交易"，以轻刑的承诺换取口供。

司法上职务身份对量刑的不当干扰，也是造成量刑轻缓、失衡的重要因素。古有"八议"（"八辟"）入法，"盖凡入八议限者，轻罪则宥，重罪则改附轻比，乃有刑也。"[3]自秦汉以来就有公罪与私罪之分，对公罪减轻处罚，"内外文武官员，犯公罪，应答一十者，罚俸一月。"[4]"对有公职身份者从宽"是传统文化观念在司法领域潜移默化的影响。与普通人相比，公职人员尤其是具有一定身份、掌握一定权力的公职人员犯罪，更容易受到案外的干扰，结果可能不是宽宥，还有可能是种种因素影响下的重判。这种干扰可能来自上级部门。实践中，有些部门还要求法院在有些职务犯罪案件审理中从所谓的地方大局出发，为地方的稳定、发展提供保障，对某些在当地影响较大的职务犯罪案件被告人从重处罚，或者以被告人对地方经济发展贡献较大为由从轻处罚，甚至适用缓刑。[5]干扰也可能来自被告人本人或者其亲友。有研究者就此问题访谈了部分法官，

---

〔1〕 参见周茂玉："商业贿赂犯罪的刑事政策"，载《国家检察官学院学报》2008年第2期。

〔2〕 参见何勇："关于治理商业贿赂的几个问题"，载《新华文摘》2007年第3期。

〔3〕 《周礼·秋官·小司寇》。

〔4〕 《清会典·刑部·刑部尚书》。

〔5〕 参见江苏省高级人民法院课题组："职务犯罪案件量刑平衡机制问题研究——江苏高院关于职务犯罪案件量刑情况的调查报告"，载《人民法院报》2010年3月25日。

一些法官认为，在受贿罪等职务犯罪案件移送起诉到法院后，一些案件就有托人说情、打招呼的情况，即使排除徇私枉法的因素，一些法官碍于情面，会在法律允许的幅度之内从轻判处。[1] 这一现实存在是不容回避的问题，与笔者经验上的判断以及对一线办案者的访谈结果一致。

笔者的实证研究证实了司法实践中贪污受贿犯罪存在量刑轻缓化的现象。贪污受贿犯罪缓免刑适用率高，从轻情节评价过度，从重情节评价不足，有期徒刑各档就低压线判罚较多。从各地法院的判决来看，贪污受贿犯罪量刑有降档、降格处理倾向，在法定刑幅度内量刑的，一般均从轻处罚；减轻处罚的，在法定量刑档次甚至下减两档量刑。法定和酌定从宽情节适用比率高，且适用混乱，酌定情节与法定情节适用效果相同。共同犯罪的场合，数额认定倾向于以"分得数额"论，量刑明显从轻。

其他研究中也有相似结论。据江苏省高级人民法院课题组2010年对评查的职务犯罪案件的统计，其中认定具有自首、立功情节的占44.03%，个别地区超过70%，一些案件中自首、立功情节的认定不符合法律规定。在审判中，法院对公诉机关指控自首、立功情节的查证绝大多数仅根据纪委或侦查机关出具的一纸说明直接认定，而不作进一步查证。[2] 不仅是法院，检察院也存在同样的问题。据某市检察机关的调查表明，在适用缓免判决的285名职务犯罪被告人中，检察机关仅提出抗诉2件2人（同期检察机关因法院适用缓免判决提出抗诉案件多达

---

[1] 参见景景：《受贿罪量刑均衡问题研究》，人民法院出版社2015年版，第57页。

[2] 参见江苏省高级人民法院课题组："职务犯罪案件量刑平衡机制问题研究——江苏高院关于职务犯罪案件量刑情况的调查报告"，载《人民法院报》2010年3月25日。

27 件 53 人),其中对多起案件检察机关有异议但均未提出抗诉。[1]而据北京市 2005 年至 2010 年的调查,北京市职务犯罪案件处罚上,也同样存在免刑和缓刑的数量与抗诉数量不成比例的现象。[2]

第三节 经济发展的区域差异

经济发展的区域差异以及案发规模实际形态的不同,是贪污受贿犯罪量刑地区差异的主要原因。

一、经济发展的地区差异

我国有约 960 万平方公里土地,共 34 个省级行政区域,经济发展的地区差异性自古就有,东西差异,南北差异,沿海内地差异,直辖市、特区与其他地区差异明显。反映经济发展程度的指标很多,考虑到近几年的通胀情况,笔者没有选择 GDP 指标,而是以城镇居民人均可支配收入为指标对地区经济差异直观展示。以本书选取的四个样本区域为例,2015 年,北京全市城镇居民人均可支配收入为 52 859 元,全市居民人均消费支出为 33 803 元。广州全年城市常住居民人均可支配收入 46 734.6 元,全年城市常住居民家庭人均消费支出 35 752.5 元。成都全市城镇居民人均可支配收入为 33 476 元,全年居民人均消费支出为 25 314 元。甘肃全年城镇居民人均可支配收入为 23 767 元,全年居民人均消费支出为 17 451 元。指标数字呈现的经济发展

---

[1] 参见叶成国:"职务犯罪缓免判决率偏高的原因与对策——对职务犯罪缓免判决适用情况的调查分析",载《中国刑事法杂志》2011 年第 4 期。

[2] 参见方工、刘涛:"对职务犯罪一审判决两级检察院同步审查研究",载《中国检察官》2011 年第 6 期。

的地区差异是巨大的，实际生活所反映的经济发展差异只能更大。

二、经济发展不平衡与量刑相关性

成都贪污罪的量刑比北京、广州都重，这与经济发展差异成正相关关系。贪污罪作为以数额为主评价因素的犯罪，同样数额代表的社会危害性，经济落后地区较之经济发达地区更重，相应刑罚也更重。甘肃经济发展较成都、广州、北京都有差距，但是在贪污罪量刑比较中看不到显著差异。我们只能回到原始样本再进一步分析：甘肃50件贪污案件中，10万以下的案件有42件，占比84%。与北京、广州、成都一样，5万元以下这个数额区间的大部分案件都适用了缓免刑，也就是说甘肃的贪污案件大部分数额较小，多属于适用缓免刑的区间，因此看不到与其他地区在量刑上的显著差异。北京、广州同为一线城市，由经济指标反映出的发展程度差异不大，广州作为通商口岸、外贸城市，经济可能更活跃一些。量刑结果反映出的，无论贪污罪还是受贿罪，广州的量刑都较北京轻1年多，这难以用经济发展差异来解释。我们只能再回到原始样本进一步分析，北京作为首都除了管辖北京市属单位，还承接了许多部委与国企的案件，比如铁道部副总工程师、财政部企业司综合处处长的贪贿案，这些案件都是大要案，数额都在千万元以上，这应当是解释北京量刑较广州重的一个原因。我们在受贿罪中看不到成都、甘肃与北京有显著差异，与受贿罪不仅用数额评价，且情节也是主要评价因素有关。这与笔者的判断基本一致。

除了对地区间量刑的整体差异进行比较外，量刑的区间差异也特别值得关注。甘肃地区50件贪污案中，数额超过100万的只有3件，超过300万的，只有2件；100件受贿案中，数额

第二章 贪污贿赂犯罪量刑失衡原因的多维解读

超过 100 万的只有 5 件,超过 300 万的只有 1 件。与之相比,成都 117 件受贿案中,数额超过 100 万的有 14 件,超过 300 万的有 6 件;广州 124 件受贿案中,数额超过 100 万的 21 件,超过 300 万的有 10 件;北京 138 件受贿案中,数额超过 100 万的有 33 件,超过 300 万有 21 件。达到一定数额之上的发案率与经济发展程度呈正相关关系,经济越发达,数额巨大、特别巨大的案件数量愈多,反之愈少。在刑罚比较上,在其他情节基本一致的情况下,甘肃贪污 600 多万判处无期,在北京 600 多万甚至 1000 多万都被处有期徒刑。甘肃受贿 400 多万就被判无期,成都、广州、北京受贿 400 万多基本上都是判处 12、13 年有期徒刑。尽管样本数量还稍显不足,但也基本能够看出不同地区司法官对单位数额代表的社会危害性评价的差异。经济发展程度,与单位数额代表的社会危害性以及量刑轻重呈负相关关系。

有研究者以自己办理的申诉案件为例,验证了这一结论。其所办案件的被告人,原系某发达省份的高级法院执行局副处长,其在承办案件时,为律所主任许某、童某、方某介绍案件并泄露案情,为此,许某、童某、方某三人分别向范某行贿,范某受贿共计人民币 205 万元,因受贿罪被判处有期徒刑 15 年。判决、裁定生效后,范某提出申诉,主要理由是其具有坦白、积极退赃等从宽处罚情节,受贿 205 万元在其所在省份一般获刑 10 年左右,该地区基本上没有量刑 15 年的案例,本案经指定管辖后由经济不发达地区的法院审理,在审理过程中也应考虑其本人所在地区的受贿量刑情况,原判量刑 15 年属量刑畸重。[1]这种结果也给刑事被告人造成了量刑不统一、量刑不公正的印象。

---

[1] 参见景景:《受贿罪量刑均衡问题研究》,人民法院出版社 2015 年版,第 76 页。

第四节　个罪之间的结构差异

贪污罪与受贿罪在犯罪结构与发案率上的不同，是两者量刑差异的主要原因。

一、贪污罪与受贿罪的犯罪结构差异

贪污罪与挪用公款罪等其他犯罪具有相同的犯罪结构"公权力人——公共财物"，这两种犯罪成立于一个封闭的空间，公权力的内部管理机制指向财物，公权力人只需利用公权力内部管理机制的缺陷和漏洞就可以实施以权谋财的行为。这种利用公权力占有和挪用公共财物的腐败犯罪可以概括为权力占用型。受贿罪则具有不同于贪污罪和挪用公款罪的犯罪结构"公权力人——相对人的财物——公权力相对人"，受贿罪成立于一个开放的空间，公权力的外部管理机制指向财物，公权力人仅仅利用公权力外部管理机制的缺陷无法完成索贿或者受贿行为，还必须有以"交易"为目的的公权力相对人的贿赂行为相依托。这种利用公权力交易相对人财物的腐败犯罪可以概括为权钱交易型。依据犯罪结构的差异，腐败犯罪类型化为权钱交易型（贿赂罪）和权力占用型（贪污罪和挪用公款罪）两种基本类型。

在犯罪结构上，贪污罪具有封闭性，在国家工作人员与财物封闭的"交流空间"中，基本上不存在关联犯罪。受贿罪则具有"为他人谋取利益"的开放要件，这一要件导致受贿罪通常是和其他的渎职型犯罪相关联，国家工作人员在实施为他人谋取非法利益的受贿行为过程中，谋取非法利益的行为本身又构成其他犯罪。由此也决定，贪污罪的社会危害性评价在财物

价值上占比重更多,而受贿罪除了财物价值外,受贿枉法的程度也是重要的衡量指标。

二、贪污罪与受贿罪的发案率差异

在案件实际分布形态上,从笔者的统计及其他研究者的统计来看,实践中受贿案的发案率高于贪污案,呈现此消彼长的状态。

腐败根源于权力制度,不同社会发展时期的制度特点决定了腐败犯罪的发展动向。过去 40 年,中国处于加速转型期,其制度特点有二:一是政治体制的内部管理机制趋于完善。政府机构改革和国有企业的改革改制,使得行政主体和国有企业主体大幅减少,政府机构的内部管理体制更为规范,审计会计制度也在不断健全和完善,这些因素客观上增加了权力占用型犯罪实施的难度,从而导致权力占用型犯罪在加速转型期呈现下降态势。二是经济体制朝着现代化市场经济转型迈进,已经实现了由短缺经济向低层次的过剩经济转变,今后相当长一段时期供过于求将成为市场的常态。[1]过剩经济使得市场主体寻租的需要增加。而与此同时,政治体制的外部管理机制转型滞后,公权力对微观经济领域的干预过多,政府承担了许多原本不该承担的经济职能,这就为市场主体寻租需求的实现提供了机会。政府体制外部管理机制和经济体制的转型脱轨造成了权钱占用型犯罪在加速转型期呈现上升态势。

权力占用型的犯罪结构呈现封闭式的特点,其成功实施的关键在于利用政治体制内部管理机制的缺陷和漏洞,加速转型期政治体制内部管理机制的完善成熟,在制度根源上为权力占

---

[1] 国家发改委宏观经济研究院课题组:"中国加速转型期的若干发展问题研究(总报告)",载《经济研究参考》2004 年第 16 期。

用型的实施设置了障碍，这就造成了加速转型期权力占用型犯罪呈现下降态势，具体有以下四点原因：

1. 政府机构改革深化，政府内部管理体制日趋规范

改革开放以来中国先后进行了七次大的政府行政体制改革，分别是1982年、1988年、1993年、1998年、2003年、2009年、2018年政府机构改革。其中，1998年的政府机构改革最为深入，影响最大。1998年政府机构改革明确提出了改革的目标：建立办事高效、运转协调、行为规范的政府行政管理体系，完善国家公务员制度，逐步建立适应社会主义市场经济体制的有中国特色的政府行政管理体制。根据改革方案，国务院不再保留的有15个部、委；新组建的有4个部、委；更名的有3个部、委；精简了很多与计划经济相关的经济部门，这些经济部门转变为国家经贸委下属的9个局。改革后除国务院办公厅外，国务院组成部门由原有的40个减少到29个。[1]根据这一目标和方案进行的改革，政府机构的内部管理体制更为规范，原来的管理体制漏洞得到了很好的填补，这就为贪污行为、挪用公款行为的实施设置了制度障碍。精简机构后权力占用型潜在的犯罪主体随之减少。此外，1997年《刑法》实施后，增设了公司、企业中的非国家工作人员实施的职务侵占罪，贪污罪的主体范围变窄，原来可定贪污罪的，现在只能定职务侵占罪。

2. 国有企业改革改制进展迅速，国有企业主体大幅下降

国有企业改革改制中导致国有资产流失的犯罪案件，在腐败犯罪中占了相当大的比重，其中又以贪污、挪用公款的权力占用型居多。以2003年为例，全国检察机关依法查办在国有企业改革改制中导致国有资产流失的犯罪案件，立案侦查涉嫌贪

---

[1] 参见邓妍："巨头论剑行政管理体制改革"，载《大地》2005年第15期。

污、挪用公款、私分国有资产的国有企业人员14 844人,而全国检察机关立案侦查的贪污、挪用公款、集体私分案件的总人数为23 926人,国企腐败犯罪比例达到了62.04%。深化国企改革是加速转型期经济改革工作的重中之重,近年来取得了迅速的进展,调整国有经济布局和结构的效果开始显现,国企的数量下降了,人数减少了,经济效益却大幅提高。从1998年到2003年,国企及国有控股工商企业户数从23.8万户减到15万户,减少了40%。[1]由于国企数量的减少和国企股份制改革的进一步深入,全国检察机关立案侦查涉嫌贪污、挪用公款、私分国有资产的国有企业人员数量锐减,2002年为26 743人,2003年为23 926人,至2004年则仅为10 407人。[2]

3. 审计会计制度的完善,增加了权力占用型腐败犯罪的技术难度和风险

权力占用型的犯罪结构为"公权力人——公共财物",公权力人要想在权力和财物的封闭空间内实施贪污或者挪用公款的行为,一个必不可少的行为手段就是做假账。为了规范行政单位会计核算行为,保证会计信息质量,财政部于1998年颁布实施了《行政单位会计制度》(财预字〔1998〕49号)。同时,地方上的很多县(市)成立了统一的行政结算中心,加强了监督制约,将白条和不正规的发票拒之门外。有些单位甚至只设财务结报员,不设财务会计,即使有会计,接触资金的机会也少了,更不可能有大额资金进出。[3]这种"结报制"的方式在技

---

[1] 参见晓鸥整理:"从数据看国企改制进展",载《中国电力企业管理》2005年第3期。

[2] 参见晓鸥整理:"从数据看国企改制进展",载《中国电力企业管理》2005年第3期。

[3] 参见卢志坚等:"反腐新动向调查:贪污案减少,贿赂案增多",载《检察日报》2007年2月2日。

术上减少了单位领导和财务人员共同实施贪污和挪用公款行为的可能性。

自1998年起,李金华担任国家审计署审计长。接下来的六年时间,在李金华的领导下,审计署刮起了六次全国性的"审计风暴"。其中包括"1999年挪用三峡移民资金和移民建镇资金""2000年挪用国债资金4.77亿元""2004年国家体育总局、国家林业局、国防科工委、科技部等四家中央单位虚报、挪用预算资金"等大案要案。从2003年开始,除了向全国人大提交年度审计报告外,审计署还不定期向公众披露专项审计结果。审计署在五年规划中明确提出:到2007年,力争做到所有审计和专项审计调查项目的结果,除涉及国家秘密、商业秘密及其他不宜对外披露的内容外,全部对社会公告。李金华在谈到2004年审计报告的时候说了一句耐人寻味的话:"审计不是风暴,而是透明。"[1]审计制度的不断完善和审计工作的深入开展,促使政府机构内部财务行为更加公开透明,也使得贪污犯罪、挪用公款犯罪的空间不断被压缩,从而增加了权力占用型犯罪实施的难度和风险。

4. 两类腐败犯罪之间的关联性变化,促使公权力人利用公权谋取私利的行为由权钱占用型向权钱交易型倾斜

实证犯罪学派代表人物之一的菲利提出了著名的"犯罪饱和法则",用以论证不同类型犯罪之间的关联性变化规律。根据"犯罪饱和法则",菲利阐释了犯罪的周期性波动规律,"随着自然条件和社会环境的变化,犯罪往往表现出下列波动模式,即在每年的财产犯罪和人身犯罪的变化中存在着一种交替:当一类犯罪上升时,另一类犯罪就下降。这是因为,促使财产犯罪

---

[1] 参见孙立平:"审计风暴引发一场静悄悄的变革",载《新民周刊》2004年第288期。

第二章 贪污贿赂犯罪量刑失衡原因的多维解读

下降的最有效和最易变的一般因素（食物丰富和气候寒冷），会使暴力犯罪和性犯罪的数量增加。"[1]虽然菲利只是论证了财产犯罪和人身犯罪的周期性波动规律，但是这一规律对于其他不同类型的具有关联性的犯罪同样适用。无论是权力占用型犯罪还是权钱交易型犯罪，行为人都具有相同的目的——利用公权谋取私利。如果实施权力占用型的犯罪成本高于实施权钱交易型犯罪，行为人就会选择后者作为实现谋取私利的出口。贪污、挪用公款行为一个必要的手段就是做假账，从这个意义上讲，贪污、挪用是一项"技术活"，没有一定的财务水平不敢轻易作案，有时必须几人联手，一个人（领导或会计）"单打独斗"很容易暴露；且贪污者要从账上骗取、窃取、侵吞、挪用财物，手段再高明，也会留下蛛丝马迹，书面证据就是铁证，这就使得"胆小者"不敢伸手。而贿赂行为本身具有隐蔽性，行贿手段复杂多样，加上行贿者和受贿者之间的利益同盟关系，证据问题和行为定性问题成了困扰贿赂犯罪侦破和认定的两大难题。当选择实施权钱交易型犯罪很容易实现谋取私利的目的时，公权力人自然不会再去选择"挑战难度"，实施权力占用型犯罪。

加速转型期权钱交易型腐败犯罪的数量在中国以惊人的速度不断上升，这一现象在县（市）一级表现得尤为明显。探究原因之前，有必要对贿赂犯罪做具体的分析——究竟是何种类型的贿赂犯罪在大幅度上升。2006年，中央部署集中开展治理商业贿赂专项工作，"商业利益贿赂犯罪"，区别于传统的"非商业性利益的贿赂犯罪"，在加速转型期的中国成为贿赂犯罪的重点高发领域。据统计，2003年至2005年全国检察机关立案侦查贪污贿赂案件90 823件。其中，贿赂案件31 357件，占

---

[1] 参见吴宗宪：《西方犯罪学》，法律出版社2006年版，第124~125页。

34.52%，大部分属于商业贿赂，仅发生在工程建设、土地出让、产权交易、医药购销、政府采购等重要领域的商业贿赂案件就达15 833件，占已被查处贿赂案件的50.49%。[1]商业贿赂犯罪作为一个学理罪名，并不仅仅指国家工作人员参与的贿赂罪，还包括一般公司、企业和其他单位人员参与的单位人员贿赂罪，其中，前者占收案数的比例要远远高于后者。据统计，北京市2005年全年至2006年第一季度，全市法院审理国家工作人员商业贿赂犯罪案件94件108人，占商业贿赂案件总数的89%，而一般公司、企业和其他单位人员参与商业贿赂犯罪仅占案件总数的11%。[2]从上述数据可以看出，加速转型犯罪期不断上升的权钱交易型犯罪主要是国家工作人员参与的商业贿赂犯罪，本书探讨权钱交易型犯罪呈现上升态势的具体原因，针对的也是此类犯罪。

权钱交易型犯罪的犯罪结构呈现开放式的特点，其发展动向受三个方面因素的制约——经济体制的因素、政治体制外部管理机制的因素、市场主体的因素。加速转型期这三方面因素综合决定了权钱交易型犯罪的上升态势：

1. 加速转型期经济体制的因素

加速转型期中国已经建成社会主义市场经济体制的基本框架，目前正朝着现代市场经济迈进。在这一转型迈进过程中，经济的发展水平和经济体制的现状为权钱交易型的大幅上升创造了客观的经济条件。

---

[1] 参见丁慕英：“浅议商业贿赂犯罪”，载赵秉志主编：《和谐社会的刑事法治·下卷·商业贿赂犯罪研究》，中国人民公安大学出版社2006年版，第1140~1141页。

[2] 参见王明达等：“当前处理商业贿赂犯罪案件应把握的若干问题”，载赵秉志主编：《和谐社会的刑事法治·下卷·商业贿赂犯罪研究》，中国人民公安大学出版社2006年版，第1123~1124页。

第二章 贪污贿赂犯罪量刑失衡原因的多维解读

一方面，经济体制现状促使市场主体寻租的需要增加。市场经济是按市场机制来配置资源，这个机制以竞争和选择作为基本特征。中国经济发展已经实现了由短缺经济向低层次的过剩经济转变，今后相当长一段时期供过于求将成为市场的常态。这就意味着在市场交易中，众多市场主体围绕一个交易机会展开残酷竞争的现象会经常发生。在商业利益的驱动下，市场主体往往会不择手段，如果有寻租的机会和可能，他们就会选择以寻租的手段来获取交易机会。

另一方面，经济发展水平为市场主体提供了寻租的可能。中国的市场因为刚刚开始兴起，在很多领域都有暴利的机会，这一点在房地产业表现得尤为明显。新华社"新华视点"专栏曾连续播发《房价成本揭秘》的调查显示，我国房地产开发行业的平均利润率约为50%。[1]西方发达国家同样存在着商业贿赂，但是其数量和危害程度低于中国的现状。其中一个重要的原因就是他们的整个市场已经比较成熟，大部分企业只能获得平均利润率，如果再投资去弄一点商业贿赂，那么企业就无利可图了，加上违法的成本高，所以很多企业不屑于去贿赂，也没有心思去贿赂。中国的经济发展水平客观上为市场主体提供了寻租的可能。

2. 加速转型期政治体制外部管理机制的因素

市场主体具备了寻租的需要和可能，并不意味着能够实现向权力的寻租，还需要权力的设租予以配合。加速转型期政治体制改革的成果集中在内部管理机制的完善上，外部管理机制的改革成效并不明显。近40年来，中国虽然经历了七次大的行政体制改革，但是每次改革的落脚点更多是在减机构、减人以

---

[1] 参见王红茹："利润率55%是房地产底线？"，载《中国经济周刊》2005年第46期。

及内部管理体制的完善上,而较少是对政府经济职能的转变和外部管理机制的完善,有时候机构改革就是将权力从一个部门转到另一个部门。权力直接干预经济、插手具体经济事务的现象仍然存在,最明显的体现是微观经济领域行政审批制度的存在。每一项审批权的存在,就意味着政府掌握着一项市场行为的决策权或者资源分配权,也就意味着一个权力租金空间的存在。

以商业贿赂的重点领域——建设工程为例,各个权力部门,包括公路、铁路、港口码头、机场、水利、电力、电信乃至部队,都有工程项目的监管权。一些部门集工程立项审批、资金、招投标、建设、监管和使用的决策权于一体,无论在哪个环节,公权力人都扮演着业主和管理者的双重角色,其中就产生了权力租金的空间。即使是市场化手段的招投标行为,在实际运作过程中有时候也因人为因素变了形,成为滋生腐败的温床。公权力一定程度上掌握着微观经济领域市场资源的分配权和市场行为的决策权,这是权钱交易型犯罪大幅上升的政治条件。

3. 加速转型期市场主体的因素

腐败犯罪的发生是社会因素综合作用于具体的行为个体的结果,加速转型期权钱交易型犯罪呈现上升态势离不开个体因素的影响。作为权钱交易型犯罪一方个体的公权力人,主要受政治体制外部管理机制缺陷的影响,对于另一方个体——市场主体而言,则有着独立的原因:

(1) 市场主体多元化的价值观产生了行贿的利益需要。加速转型期社会分化加剧,社会分层,收入差别拉大,社会分化导致价值观由一元化走向多元化。计划经济时代和市场经济转型初期,社会具有统一的价值观,在国家利益和集体利益之外,几乎没有独立的个人利益的主张。加速转型期的社会价值观趋于多元化,市场主体往往把经济利益摆在个人价值观的首位,市场主体具备了独立的经济利益诉求,在体制不完备的情况下,这种利益诉求又会转化为贿赂的利益需求。

(2) 市场主体商业信用道德的缺少是权钱交易型犯罪呈现上升态势的制度伦理因素。市场经济的本质是"信用经济"。我国尚未完全建立商业信用体系,这使得商业贿赂存在一定的土壤。据有关资料统计,中国的企业对贿赂客户的容忍率为71.3%,对短斤少两的容忍率为55.4%,对打不实广告的容忍率为55%。[1]在信用体系发达的国家,商业贿赂行为相较而言较少,商业交易也规范得多。原因并不在于道德水平的高低,而是这些国家具有规范统一的市场信用体系,一旦某个个人或者组织被发现在商业竞争中利用行贿手段获利,那么在他的信用档案中就会留下"违背公平者"的人格烙印,从此再难以获得商业交易机会。

(3) 行贿犯罪的低成本是促使市场主体向公权力人寻租的重要心理因素。据统计,上海市检察机关从2000年至2003年7月,立案查处的受贿案件是700多件,单独立案侦查行贿案件共81件,95人。1998年至2003年6月,广东省各级法院受理一审受贿案件968件,1065人,而行贿案件却只有43件,49人。2001年至2003年,江苏省检察机关立案查处受贿案件1010件,1022人,而行贿案件只有87件,87人。贿赂犯罪是对向犯,受贿案件和行贿案件存在如此大的数字差异,并不是"被动行贿"和"自首立功情节"能够全部抵消的。从事实来看,在建筑、医药等商业贿赂多发的领域,行贿者并非"被迫",而是"主动",并且把行贿当成"拓宽"市场的一种必不可少的手段。与受贿相比,行贿在某种意义上是"源"。刑事政策"行

---

[1] 参见姚志阳:"建立社会主义市场经济下的信用体系的思考",http://www.law-lib.com/lw/lw_view.asp?no=2462,访问日期:2017年9月18日。

贿非罪化"的倾向，使得市场主体维护规范的成本远远高于失范的成本。市场主体行贿可以获得交易机会，不去行贿反而很可能无法在市场中立足，这种现实的困境促使市场主体选择行贿手段以获取市场利益。

三、小结

综合以上，特别是受贿罪在渎职、枉法上与贪污罪的区别，决定了受贿罪的社会危害性在一般意义上重于贪污罪。司法实践中，量刑对此作出了正确的回应，笔者的统计结果表明，受贿罪的量刑一般比贪污罪重半年。受贿罪成为反腐败领域的打击重点，相应的刑事政策和惩罚策略应作出相应调整。

第五节 小 结

个案意义上的量刑失衡从主客观方面可以找到一些共性的原因，主观方面包括司法官徇私枉法出入罪，司法官个人的情感偏好、个人经历、业务能力和素养差异等，客观方面包括刑事政策的变迁、刑事立法失衡、时间空间变迁带来的评价指标变化等因素。贪污受贿犯罪量刑失衡问题亦是由多方面原因所致，从历史、文化、立法、司法实践、社会学、经济学等多维度、多学科的视角能够看到得更多，也更加清楚。立法上固定数目字的定罪量刑标准（立法方式）、量刑数额起点低、容纳金额空间大、有期徒刑刑期过短，司法上身份特权的法文化传统、政策与案外因素，经济发展的区域差异较大，贪污罪与受贿罪之间的结构差异等共同导致了上文提到的量刑失衡问题。这是笔者能够追溯到的直接原因，相应的建议也应从这些问题和原因出发，有针对性地提出解决方案。

第二章 贪污贿赂犯罪量刑失衡原因的多维解读

立法上存在的问题可以做技术上的调整和处理,司法上存在的问题可以通过司法责任制等当下正在推行的司法体制改革逐步解决。十八大以来,中央层面坚决有力地推行官纪的整顿和改革,无疑是要向阻碍现代化建设的落后文化观念开刀,致力于建设廉洁高效、受人尊敬和信任的政权组织。正因为如此,刑事立法和刑事司法更要正视并下决心解决这一问题,不能因贪污受贿犯罪量刑失衡问题让民众质疑司法公信力,拖国家改革和发展进程的"后腿"。

第三章
量刑基本原理与量刑均衡理论的学理阐释

第一节 刑罚的正当化根据

刑罚作为一种"必要的恶",它的存在理由是什么?亦即,它的正当化根据是什么?对于这一问题的回答,决定了我们为何设立刑罚,设立何种刑罚,对谁施以刑罚,施刑的范围、幅度和大小,如何实现量刑的公正性、合理性和一致性。

在近现代刑法理论中,刑罚目的或者刑罚的正当化根据,理论上有绝对主义(报应刑论),相对主义(目的刑、预防刑论),并合主义(建立在报应基础上的预防论)的学说分歧。[1]如何验证刑罚正当化理论的合理性?有学者提出了两个维度五个方面的验证标准:一是有效性或者合理性标准,即经验性的刑罚正当化模式,既要保证刑罚目的的有效性,也要保证刑罚手段的有效性。二是周全性标准,刑罚正当化理论必须具备周全性,既能全面地解释刑罚的内容,能面对不同的利益主体正当化刑罚,也能全面地解释刑罚的存在范围。[2]有效性、周全性是验

---

[1] 参见马克昌:《刑罚通论》,武汉大学出版社2006年版,第53~67页。
[2] 参见陈金林:"刑罚的正当化危机与积极的一般预防",载《法学评论》2014年第4期。

第三章 量刑基本原理与量刑均衡理论的学理阐释

证刑罚正当化理论合理性的重要标准。下面,笔者对刑罚正当化理论进行梳理、评述和理论选择。

一、报应刑论(绝对主义)

报应刑论是以报应思想为基础的刑罚目的理论,又称为绝对理论、正义理论,这是前期旧派的主张。这种理论认为,刑罚没有特别希冀达到的目的,刑罚的意义就在于报应犯罪行为的恶害,给犯罪人以惩罚,以其痛苦来均衡犯罪人的罪责,从而实现正义的要求。如果刑罚必须考虑预防犯罪等刑事政策上的目的和因素,那么公正就不成其为公正。[1] 早自原始社会习俗规范的时代,"以眼还眼、以牙还牙"的血仇报复理念就孕育了最早的刑罚理念。刑罚最初只是作为惩罚的需要而出现的。基督教《圣经》中的《出埃及记》明确指出:"对于任何加害他人的人,你应当以命偿命,以眼还眼,以牙还牙,以手还手,以脚还脚,以烧还烧,以伤还伤,以鞭还鞭。"《汉谟拉比法典》规定:"如果儿子殴打其父,他的手就应该被砍去。如果他叱骂其父或母,他的舌头就要被割掉。如果折断了自由人的骨头,那么就要把他的骨头折断。"[2] 在初始的报复刑时代,刑罚和犯罪是绝对对应的关系,犯罪的手段、方式、轻重、后果是刑罚的唯一根据,刑罚是对犯罪的复制,有什么样的犯罪就会被施以什么样的刑罚,这是在追求绝对正义基础上的简单报应理论。

随着时代的不断发展,人类社会从蒙昧时代走向理性的启蒙,同害报应论向道义报应论进化。道义报应论认为,犯罪是违反道德的行为,刑罚是根据道德观念对犯罪的报应,所以它必须与犯罪人所为的罪恶相适应。康德从哲学上的因果决定论

---

[1] 参见高铭暄主编:《刑法专论》,高等教育出版社2006年版,第492页。
[2] 参见谢望原:《刑罚价值论》,中国检察出版社1999年版,第86~87页。

出发，把犯罪行为看作是因，把刑罚看作是果，那么罪与刑的关系就成了因果报应关系。康德认为，在人的本质以外是引申不出道德原则的，自律性才是道德的唯一原则，理性人必须根据道德自律性这一绝对命令按普遍法则行事，一切与道德义务相违背的行为必然引起责难，进而违反道德义务的行为责任建立在人的意志自由基础上。进而，他认为，从人类伦理道德理念出发，恶有恶报，善有善报，刑罚就是对犯罪人恶行的报应，其目的就是惩罚犯罪人，矫正他的道义罪恶，人是目的，不是手段，惩罚只能作为对犯罪之恶的回应，绝不能作为促进另一种善的手段。[1] 康德坚持的是等量的报应论，他认为公正的刑罚应当与犯罪的损害程度和形态相对等。

道义报应论再往后进化是法律报应论。黑格尔将道义理性上升到法律理性，他认为正义的根据在于法律，犯罪是违反法律行为，刑罚是对犯罪的法律报应，这是理性上当然的要求。尽管刑罚在一定意义上包含了复仇，但是绝不能把刑罚等同于复仇，特别是个人的复仇。刑罚代表的是一种普遍的意志，它是由法院来执行的。它可以把对受害人的侵害当成是一种对社会的普遍性侵害，即当成一种对社会具有危害性的行为。这样，对犯罪人的惩罚，就会避免受害人凭主观意志进行复仇的可能性，从而避免复仇的无限循环，保证社会正义的实现。他认为，犯罪与刑罚的关系是一种基于法律而存在的否定之否定的关系。犯罪是对法的侵犯，但是犯罪本身是一种虚无的存在，因为它不符合法本身。法将会扬弃犯罪而回到其自身。也就是说，犯罪作为一种不法，是对法的一种违背和否定，而刑罚则是对犯罪的惩罚与否定。在刑罚中，犯罪就会被消除，这样，法就回

---

[1] [德] 康德：《法的形而上学原理——权利的科学》，沈叔平译，商务印书馆1991年版，第164页。

到原来的法。所以，这个过程是一个从法到不法，从不法到法的过程。法经历了肯定、否定、否定之否定的环节而回到了自身。与康德等量甚至近似同态复仇的报应观念不同，黑格尔主张的是等价的报应观念。他认为，犯罪作为一种侵害，而报复是用一种侵害来否定犯罪。既然犯罪有质和量的区别，作为对它否定的报复也就具有质和量的区别。在这种意义上，报复同犯罪具有同一性，即报复刑罚同犯罪具有同一性。但是，这种同一不是侵害行为特殊性状的同一，而是侵害行为自在地存在的同一，即价值的等同。因为犯罪具有虚无性，是一种虚无的价值，本身包含着自我否定的因素，这一否定就表现为刑罚。而所谓同一，就是这种内在的同一性。[1]黑格尔"否定之否定"的法律报应主义，代表着刑罚哲学史上巨大的理论飞跃和提升。

二、预防刑论（相对主义）

预防刑是新派理论所持的与报应刑论相对应的学说观点，又称为目的刑论、相对理论、功利理论，是以功利思想和预防思想为基础的刑罚目的理论。预防刑认为，犯罪是已经发生的恶，针对过去发生的事件的报应没有意义，社会从中获得不了更多的满足。刑罚之所以是正当的，在于刑罚的目的是为了预防犯罪人再犯或者预防一般人犯罪。预防论分为一般预防论与特殊预防论。一般预防论又分为通过刑罚预告的一般预防论与通过刑罚执行的一般预防论；特殊预防论中的惩罚论或威慑论，主张通过惩罚或者威慑犯罪人使其不再犯罪；特殊预防论中的教育刑论或改善刑论，主张通过教育或者改善犯罪人使其不再

---

[1] 参见［德］黑格尔：《法哲学原理》，杨东柱等编译，北京出版社2007年版，第45～49页。

犯罪。[1]

预防刑的思想和哲学基础是功利主义。何为功利主义？边沁认为，功利主义是根据任何行为对于利益攸关者的幸福是促进或阻碍而决定赞成或与否的原理。任何行为不仅包括个人的每一个行为，也包括政府的每一个举措。[2]具体到立法领域，边沁主张立法应当坚持功利原则或者功利逻辑。他认为立法者应以公共利益为目标，最大范围的功利应成为其一切思考的基础。了解共同体的真正利益是什么，乃立法科学使命之所在，关键是找到实现这一利益的手段。功利主义的出发点在于自然意义上的人的痛苦与快乐感受对个人行为决策的驱动。按照边沁的认识，自然使人降生在一个快乐和痛苦的帝国中。我们的全部观念莫不来源于快乐和痛苦；我们的所有判断，人生的所有决定，莫不与快乐和痛苦有关。如果有人声称他已经摆脱了这种状态，那只是证明，他还不知道他在说什么。他的唯一目标就是追求快乐和逃避痛苦，即使在他拒绝最大快乐或拥抱最尖锐痛苦的极端时刻，他仍然是在追求快乐和逃避痛苦。此类永恒是不以人的意志为转移的情感应成为道德学家和立法者研究的伟大课题。功利原则将一切事物都回溯到这两种动机。功利逻辑在于一切判断过程中都坚定地从痛苦和快乐的计算或比较出发。[3]一言以蔽之，功利主义认为人的行为动机就是趋利避害。既然惩罚能给人带来痛苦，在功利驱动下，惩罚就具有了威慑作用，指引人们作出正确的行为选择。在这种哲学观念指导下，边沁明确指出刑罚的目的是预防犯罪，他认为任何惩

---

[1] 参见张明楷："新刑法与并合主义"，载《中国社会科学》2000年第1期。
[2] 参见陈锦华：《功利与功利观》，人民出版社2014年版，第2页。
[3] 参见［英］杰米里·边沁：《立法理论》，李贵方等译，中国人民公安大学出版社2004年版，第1~3页。

第三章 量刑基本原理与量刑均衡理论的学理阐释

罚都是伤害，所有的惩罚都是罪恶，根据功利原理，如果惩罚被认为确有必要，那仅仅是认为它可以起到保证排除更大的罪恶。边沁首次将刑罚的目的划分为一般预防和个别预防。"防止抢劫的方法，就是宣布对任何犯抢劫罪的人，处以稳定刑罚。"刑罚的威慑作用可以达到一般预防的目的，而借助法律的恐吓使犯罪人恐惧刑罚，可以改造消除犯罪人的犯罪欲望，实现个别预防的目的。[1]预防刑论特别是一般预防主义在刑罚哲学史上占据了长期的统治地位。

预防刑的观点除了边沁以趋利避害的功利理性为基础的双面预防论外，还有威慑预防论，心理强制说的个别预防论，以及由"道义责任转向社会责任"的社会防卫论，以人道主义为立场的教育矫治说，还有以雅科布斯为代表的功能主义立场下的积极的一般预防论。积极的一般预防论在功能主义立场下，认为社会是由个人之间有秩序交往形成的规范性世界，刑法的机能在于保障规范的有效性，刑罚的机能在于证实人们对规范有效性的依赖是正确的。追究行为人的责任"意味着论证为了向忠诚于法律的市民确证秩序的约束力而用一个确定的尺度进行处罚的必要性责任由这种被准确理解的一般预防所确立，并且由这种预防所量定"。[2]根据积极的一般预防理论，刑罚是犯罪的法律后果，而犯罪又是违反规范的行为，因此刑罚的正当化必须与规范自身的正当化联系起来。规范表现为禁止或命令，它是一种对行为自由的限制，而之所以要作出如此限制，是因为它能够维持所有人的自由共存。为了实现这一目标，每个人都必须让渡一部分自由，这种牺牲是对所有人都有利的。问

---

[1] 参见陈兴良：《刑法哲学》，中国政法大学出版社2004年版，第367页。
[2] 参见[德]格吕恩特·雅科布斯：《行为 责任 刑法——机能性描述》，冯军译，中国政法大学出版社1997年版，第2页。

题在于，对各方都有利的规范是不稳定的。对于个体而言，违反对各方都有利的规范，比遵守它们更加有利，但如果每个人都违反这些规范，则会让大家都丧失遵守规范所带来的好处，因此会让所有人都陷入比大家都遵守规范更不利的境地。为了避免规范被普遍违反而重返"自然状态"，有必要创造一种明确性，即"构建"出每个人或几乎每个人都会遵守规范的信任。[1]积极的一般预防是针对通过发挥刑罚威慑功能防止潜在的犯罪这种消极的一般预防提出的，其所倡导的引导公众对法规范的认同在现代社会，特别是从政治、政策层面来看更有助于法治目标的实现。

三、折中刑论（并合主义）

报应刑与预防刑观点是对立的，折中主义为调和二者矛盾应运而生。折中刑既肯定刑罚的本质在于对犯罪的报应，也主张刑罚的目的在于预防犯罪，因此也被称为并合主义，是对绝对主义和相对主义的调和，融正义观念和目的思想于一体。折中刑认为，刑罚的正当化根据一方面是为了满足恶有恶报的正义要求，同时也必须是防止犯罪所必需且有效的，应当在报应刑的范围内实现一般预防与特殊预防的目的，其经典表述是"因为有犯罪并为了没有犯罪而科处刑罚"。[2]由于侧重点的不同，主张折中主义学说的学者又可以分为真正的折中主义、绝对的折中主义和相对的折中主义。真正的折中主义将报应与预防置于同等的地位；绝对的折中主义以正义报应为基础，辅之以相对主义，即以报应刑为主，预防刑为辅；相对的折中主义，

---

[1] 参见陈金林："刑罚的正当化危机与积极的一般预防"，载《法学评论》2014年第4期。

[2] 参见张明楷："新刑法与并合主义"，载《中国社会科学》2000年第1期。

第三章 量刑基本原理与量刑均衡理论的学理阐释

以预防目的为基础,辅之以绝对主义,即以预防刑为主,报应刑为辅。

四、本书的立场与选择

刑罚自从产生之日起,就是以针对人身或者物的强制而存在的,刑罚天然具有痛苦的属性。无论是蒙昧时代的酷刑还是文明时代的刑罚,刑罚的种类都是剥夺生命、限制人身自由、剥夺财产等,这些手段的目的无一例外是给犯罪人带来痛苦。在承认人是世界的主体,人是目的而不是手段这个哲学与理性前提下,对人强制施加痛苦的正当性根据,只能是对人所犯错误的惩罚,这是自然正义的必然要求。因此,不可能存在不是为了报应的刑罚,不然有违正义的基本要求。然而,如果只是为了报应,那么同态复仇是最直接、最彻底、最有效的报应。人类社会之所以放弃了野蛮愚昧的血仇报复,换之以需要消耗大量社会资源的刑罚(自由刑),就是因为人是具有理性的生物。报应也不仅仅是单纯的报应,而应当既在手段方面是文明的,又在目的方面也应该在痛苦中得到一定的收益,即,不是为了惩罚而惩罚。否则,即便耗费大量的社会资源,也得不到更多的收益。这是黑格尔所主张的,犯罪是对社会的一种否定,对犯罪(否定)的否定,不是简单的肯定,而应是肯定的升华。同时,这也是功利主义所主张的,在计算得失的意义上,获得最多的收益。因此,对犯罪人的惩罚本身,也可以实现既定的目的,既包括犯罪人本身因为遭受了刑罚的痛苦,在趋利避害本能的驱使下,以后不再继续犯罪,也包括社会公众因犯罪人遭受的痛苦,产生对刑罚的畏惧感,不愿意或者不敢实施犯罪行为。报应刑和预防刑相结合的并合主义在今天之所以成为学说的主流,就是因为刑罚天然具有痛苦的属性、否定犯罪的属性，从其中能够挖掘出肯定意义以外升华的功能。

至于报应与预防在刑罚目的中的比重，在立法阶段、裁量阶段、执行阶段应有所不同（后期古典学派学者迈耶持此主张）。在配刑时，立法者更多考虑的是不同轻重的犯罪应该配以不同轻重的刑罚，这时的重心在于公正理念下的报应。同时，还要基于刑事政策的考虑，对什么样的犯罪配以什么样的刑罚，对后来的以及潜在的犯罪分子有什么震慑作用，刑罚重了是不是会让社会感觉到不公正，刑罚轻了是不是会让其他人更有恃无恐地犯罪。在刑罚立法阶段，刑罚目的侧重于报应基础上的一般预防。在量刑时，法官除了考虑施以何种刑罚能够做到罚当其罪，还要基于刑罚个别化的需要，考虑犯罪人个人的人身危险性及改造难易等情况，对实施同种犯罪的不同犯罪人判处个别的刑罚，从而实现刑罚与刑事责任的相适应。在刑罚裁量阶段，刑罚目的侧重于报应基础上的特殊预防。在执刑时，执刑者主要考虑的是如何对犯罪分子进行教育改造，使他以后不再犯罪，并且能够更好地复归社会。在执行阶段，刑罚目的侧重于特殊预防。综上，并合主义的分配论是本书所持的观点。

第二节　量刑公正与量刑失衡

正义或者公正是法律的首要价值，它是法律其他价值的基础。一个国家如果不能践行社会通行的正义观，秩序、自由、效率等价值将不复存在，这个国家也难以建立真正意义上的文明。公正是维系社会生活共同规则的基本理念。刑罚作为对公民生命、自由、财产的剥夺或限制，如果不能建立在公正的基础上，那么它对社会或公民个人而言都将是一场灾难。量刑公

第三章 量刑基本原理与量刑均衡理论的学理阐释

正是刑罚裁量活动的首要价值追求，也是评价刑罚裁量活动的首要标准。

一、量刑公正及其要求

何为量刑公正？通行的观点认为，其基本含义就是指人民法院对犯罪人裁量、决定刑罚时要做到依法进行、罚当其罪、刑罪相称、公平裁判、不偏不倚。[1]也有一种观点认为，量刑公正的内涵是法定刑的轻重，应当与犯罪分子所犯罪行相适应；宣告刑的轻重应当与行为的社会危害程度以及行为人的人身危险程度相适应。[2]笔者认为，这两种观点均从不同角度论述了量刑公正的内涵，第一种观点较为全面地概括出量刑公正的内容。正义具有两种构成部分，"平等的正义"和"事理的正义"。[3]前者即形式的正义、分配的正义，后者是实质的正义、理性的正义。应从刑罚目的的源头去寻找量刑公正的内涵，即量刑公正应满足并合主义即报应基础上预防的要求。量刑公正要体现在对所犯之罪的公正、犯罪之人的公正以及比较意义上社会大众的公正。

1. 量刑公正要求罪刑相称、罪刑均衡。这是报应主义和一般预防的要求。"刑当罪则威，不当罪则侮。"[4]罪刑相当是对罪刑关系的静态评价，意味着刑罚轻重要与所犯之罪的社会危

---

[1] 参见沈德咏："论量刑公正"，载中国政法大学刑事法律研究中心、英国大使馆文化教育处主编：《中英量刑问题比较研究》，中国政法大学出版社2001年版，第2页。

[2] 参见赵廷光："论量刑公正的一般标准"，载《河南省政法管理干部学院学报》2007年第4期。

[3] 参见[德]卡尔·拉伦茨：《法学方法论》，陈爱娥译，商务印书馆2003年版，第24页。

[4] 《荀子·君子》。

害性相适应。罪行重，则刑事责任重；罪行轻，则刑事责任轻。这是报应刑对刑罚的限制，行为人的应受谴责性要以罪行轻重为上限，即使有特别重要的以儆效尤威慑的必要，也不能超过罪行的严重程度对其施以刑罚。也就是说，任何人犯了罪，他都不应当被判处比所犯之罪更重的刑罚，比如说殴打他人致其轻伤害但被判处无期徒刑或死刑，这就是不公正的刑罚。罪刑相称或者罪刑均衡原则，不仅体现在立法阶段，也体现在刑罚裁量阶段。

2. 量刑公正要求充分考虑行为人的人身危险性、再犯可能性，做到刑责相称。这是预防刑的要求。我国《刑法》第5条规定："刑罚的轻重，应当与犯罪分子所犯罪行和承担的刑事责任相适应。"通行的理解是，这里的罪行就是体现社会危害性的犯罪严重程度，刑事责任就是指反映行为人主观恶性和人身危险性的主观应受谴责程度。文明理性社会，人是目的不是手段。那么，一个因为偶然原因伤害他人且基本不可能再次伤害他人的人，和一个恶贯满盈且使用暴力为习惯的伤害他人的人，所处的刑罚定应有所区别，才符合朴素的正义观念，才有利于对犯罪人的矫治，也有利于实现一般预防的功能。

3. 量刑公正要求一视同仁、无偏差的量刑，即罪刑均衡、责刑均衡。公正是人类与生俱来的观念。社会规则被信赖和遵守的前提是人们能够从规则中得到正义的情感需求的满足。"类似情况得到类似处理，有关的同异都由既定规范来鉴别。制度确定的正确规范被一贯地坚持，并由当局恰当地给予解释。这种对法律和制度的公正一致的管理，不管它们的实质性原则是什么，我们可以把它们称之为形式的正义。形式的正义要求法律和制度方面的管理平等地（即以同样的方式）适用于那些属

第三章 量刑基本原理与量刑均衡理论的学理阐释

于由它们规定的人们。"[1]公正意味着同样的事情得到同样的对待，不同的事情得到不同的对待。在量刑领域，量刑公正要体现时间上的公正性、空间上的公正性、刑罚适用对象之间的公正性。在时间及空间上，在类案以及个案的意义上，量刑要与经济发展通货膨胀（地区差异）、犯罪形势、治安状况、刑事政策保持连续性和一致性，从而实现量刑的实质公正，避免量刑畸轻畸重。在刑罚的不同适用对象之间，刑罚的量既要与罪质罪量相匹配，也要与个人的刑事责任相匹配，从而实现同罪同责同罚，同罪异责异罚，异罪同责异罚，做到无差别的对待。

二、量刑失衡及其原因

量刑失衡现象在各国普遍存在，量刑均衡是世界性的难题。美国参议员埃德伍德·M.肯尼迪甚至将美国的量刑称为"国家的丑闻"，认为"惩罚的确定性并不存在"。[2]日本刑法学家曾根威彦指出，在日本仍然存在量刑的地域差异等量刑不统一的问题。……存在情节类似量刑却显著不同的情况，这不仅违反正义、平等的理念，在刑事政策上也是难以令人满意的。[3]实现均衡量刑、规范量刑、合理量刑、公正量刑，是各国刑事立法、刑事司法以及学术研究长期努力的方向。

量刑失衡现象的成因复杂多元：

1. 司法官徇私枉法出入罪导致量刑失衡。司法官受案外因

---

[1] 参见[美]约翰·罗尔斯：《正义论》，何怀宏等译，中国社会科学出版社1988年版，第58页。

[2] 参见[美]克莱门斯·巴特勒斯：《矫正导论》，孙晓雳译，中国人民公安大学出版社1991年版，第75~76页。

[3] 参见[日]曾根威彦："量刑基准"，载[日]西原春夫主编：《日本刑事法的形成与特色——日本法学家论日本刑事法》，李海东译，法律出版社1997年版，第151页。

素干扰，在人情、利益、压力等外力驱使下，故意枉法裁判，导致重罪轻判或者轻罪重判，罪刑失衡。舆论关注的个案中的量刑公正问题会产生放大效应，让社会对量刑产生怀疑。

2. 刑事政策影响量刑导致量刑失衡。随着社会治安形势、发案率高低的变化，应对犯罪的政策也会相应调整。刑乱世用重典。根据不同的社会形势及时调整量刑政策，也是为了实现真正的罪责刑相适应。但是，有时候政策调整尺度把握不好，会造成刑罚过重或者过轻的情况出现。刑事政策是影响量刑的外在因素之一，这主要反映在类案上面。

3. 时间、空间因素导致量刑失衡。随着时间变迁，犯罪形势发生变化，犯罪特别是经济犯罪的社会危害性也发生变化，固守、拘泥原来的法定标准不做变通，导致刑罚对应的是过去的标准，而不是现在的社会危害性，从而出现量刑失衡、量刑偏差的现象。犯罪有空间差异性，社会危害性也有地域区别，适用统一的法律标准也难以做到各地的刑罚裁量与各地的具体情况相适应。

4. 舆论压力、社会关注导致量刑失衡。许多大要案及社会关注度高的案件，舆论压力大，社会的、大众的、道德的判断标准影响司法官法律标准的判断，司法官很难做到独善其身不受干扰。有时法官对政策要求、公众反应和媒体舆论的重视程度，甚至胜于他对法律意义体系和具体规范内涵的把握。[1]舆论影响量刑和独立行使司法权是整个社会无法回避的话题。

5. 司法官的个人倾向、政治偏好、业务素养能力的差异导致量刑失衡。司法官适用的是统一的法律，但是现代刑罚已经由绝对确定的法定刑进化到相对确定的法定刑，以实现罪刑相

---

[1] 参见王利荣："论量刑的合理性"，西南政法大学2007年博士学位论文，第3页。

适应原则和刑罚个别化的要求,这就给了司法官行使自由裁量权的空间。司法官是人不是机器,具有人类特有的个性的倾向、偏好、情感。在个案中,这些个性会或偏好潜在地影响他的专业判断,可能导致一些个案量刑失衡。

第三节 量刑方法与规范化量刑

刑罚裁量是一项严肃的司法活动,它不是随意给出的数字。在正确定罪的基础上,司法官求刑的过程需要遵循和依据一定的规则、程序、经验、步骤和方法,这就是刑罚裁量方法。我国理论界与实务界总结、适用的量刑方法有估堆量刑法、层次分析量刑法、数学模型量刑法、基础刑量刑法、电脑量刑法和规范化量刑法等。下文对常见量刑法进行述评。

一、量刑方法述评与选择

1. 估堆量刑法,也称为经验作业法,是过去刑事司法实践中普遍采用的做法,指司法官在掌握案情的基础上,根据犯罪的社会危害性程度和通过犯罪人个人情况反映出来的犯罪人再犯可能性大小进行分析、综合、判断,一次性地估量出对犯罪人应当宣告适用的刑罚。[1]这种方法是法官首先审理案件,掌握案情,在法定刑范围内,参照司法实践经验,大致地估计犯罪人应处的刑罚,然后考虑各种法定的从重处罚、从轻、减轻和免除处罚的情节,再考虑其他影响刑罚轻重的非法定情节;最后综合地估量出对犯罪人判处的刑罚。[2]不同法官经验不同,

---

[1] 参见赵炳寿主编:《刑法若干理论问题研究》,四川大学出版社1992年版,第313页。

[2] 参见张明楷:《刑法学》(第4版),法律出版社2011年版,第501页。

运用估堆量刑法的步骤不同，有的精细化一些，有的粗略化一些。估堆量刑法简单易行，在当下乃至相当时间内是一种基本的量刑方法。

2. 层次分析量刑法，是一种理论上的演绎，是根据系统工程中决策科学原理的"多层次加权分析决策法"进行量刑的方法。这种方法是将各种定罪情节和量刑情节作为量刑的根据，并对各种情节按照重要程度进行分类，确定每一情节的各因素相对于刑罚总量的权重值，设计出罪行量表和刑罚折算量表，然后结合案件具体情节，代入计算出罪行总分，然后对照刑罚折算表，决定犯罪人的宣告刑。[1]这种方法的递进层次结构是：第一层是目标层，对应的是刑罚；第二层是准则层，对应的是犯罪事实、犯罪性质、犯罪情节、危害程度；第三层是指标层，对应的是客体、客观方面、主体、主观方面、主观情节、客观情节、危害结果、社会影响；第四层是约束层，对应的是人身危险、身心状况、犯罪手段、目的动机、犯罪态度、间接后果、社会舆论、立功自首。每一个元素都根据重要程度赋予一定的分值，然后将具体个案析分代入。这种方法将各情节、各元素赋予不同分值的做法，对于判断各种量刑情节在刑罚裁量时的权重具有一定价值，但是其操作过于复杂，实践中让司法官采用的可能性不大。

3. 电脑量刑法是理论上借助计算机技术信息系统解决量刑偏差的创造。其代表性观点提出对情节"两次评价五级划分法"，即评价情节分量"等级"和处罚轻重"程度"，可以实现定量分析。其乘积就是特定量刑情节的量化积分，于是每个情节都可以划分为 14 种不同情况。将全案所有情节的轻重积分，

---

[1] 参见郑昌济：《刑法思维学》，中国政法大学出版社 1991 年版，第 138~155 页。

第三章 量刑基本原理与量刑均衡理论的学理阐释

分别逆向表示在法定刑幅度内,幅度空间的一定刻度,反映不同的刑种和刑期,从而使较宽的量刑幅度压缩为相对较窄的幅度,取其中间线,就是量刑的最佳适度。用这种理论研制电脑《辅助量刑系统》,操作简便,能够避免量刑畸轻畸重的错误。[1] 电脑量刑法在理论上和实践中都受到了广泛的质疑。有学者认为,量刑的客观公正所要求的是活生生的正义,而不是机械化的正义。电脑会缺乏法律的、个人的,及历史的面向,它的语言不是活着的。由电脑作出判决时,所产生的法律是另外一种"法律",与法官通过判决所说出来的法律是不同的:一种法律平等原则在其中被机械性地操纵,没有考虑到具体、历史的情境及个别性,一个瞎眼的漫画图像,一个没有看到"个别个人"的正义女神,一个没有历史及非个人的法律。不管设计者如何周到,电脑量刑法必然抹杀个案的差异性。[2] 无疑,电脑无法替代人,就目前的技术来看,电脑不可能具有人类的情感判断,因此电脑量刑法有机械司法的弊端。但是,随着大数据、人工智能的发展,技术的突破使得人们重新考虑智能辅助量刑系统的价值及应用可能,而其中利弊不只是在量刑领域,在其他人工智能应用领域也同样存在。下文会对此进一步检讨。

4. 基础刑量刑法以量刑基准论为理论支撑,因此又称为基准点量刑法。根据这种方法,量刑时,首先按照具体个罪裸的犯罪事实("裸"是指不考虑法定与酌定的量刑情节)确定应当判处的刑罚,然后通过既定规则,对个案中存在的法定与酌定情节,对基准刑(裸的犯罪事实确定的刑罚)进行上下浮动的调节,最后得到宣告刑。

---

[1] 参见赵廷光:"《电脑辅助量刑系统》的一般原理",载《中国法学》1993年第5期。

[2] 参见张明楷:《刑法学》(第4版),法律出版社2011年版,第501~502页。

基础刑量刑法根据基准刑的确定方法不同，又可以分为以下几类：（1）法定刑中间线为平均刑即基础刑。该论认为，相对确定的法定刑具有明确的上下限，应当将法定刑中间线作为从轻从重处罚的分界线，作为量刑起点的量刑标尺，在此基础上根据从重或者从轻处罚的情节调节最终的宣告刑。只有如此，才能从根本上解决量刑偏差的问题。[1]（2）固定地以调研结果为准的基准刑。和法定刑中间线的思路一致，该方法也是取刑罚的固定一点，不过这个点的选择不一定是法定刑中间线，而是根据对实践中大量个案量刑结果的实证分析，来选择量刑基准。比如，有研究者以21省市77家法院7万多刑事裁量为样本进行观察，发现实践中的裸刑均值普遍低于法定刑中线。[2]（3）移动式的基础刑。该方法认为，有的犯罪影响量刑轻重的因素可变性强，决定同类犯罪社会危害性大小的因素比较活跃，由此决定了同类犯罪的量刑基准点应是可变的、移动的。比如数额是决定盗窃罪社会危害性大小及刑罚轻重的主要因素，因此量刑基准点就随盗窃数额的变化而不同。[3]

5. 小结。刑法对大多数犯罪都采取了相对确定法定刑的刑罚设置方式，有的犯罪一档刑罚幅度就在5年至15年有期徒刑之间，这么大的裁量空间，完全交由法官根据经验自由裁量可以吗？法官能够做到公正量刑、量刑均衡吗？如果完全限缩法官的裁量权，套用复杂、严格的公式和模型进行量刑，能够真正做到罪责刑相适应吗？能够实现刑罚的特殊预防目的吗？量刑真的是"1+1=2"的数学计算活动吗？

---

〔1〕 参见赵廷光："法定刑中间线是量刑公正的生命线"，载《中国刑事法杂志》2010年第12期。

〔2〕 参见白建军："裸刑均值的意义"，载《法学研究》2010年第6期。

〔3〕 参见马克昌：《刑罚通论》，武汉大学出版社2006年版，第304页。

第三章　量刑基本原理与量刑均衡理论的学理阐释

评价量刑方法高下的标准，在于这一方法能不能实现公正、合理、适当的量刑，能不能在防止法官量刑恣意和实现刑罚个别化的目标之间达成一致。

首先，传统的估堆量刑法，法官凭借个人经验、过往判决进行刑罚裁量，决定裁判质量的是法官经验的丰富程度、适法能力的强弱，不同法官个体之间差异很大，难以保证水准一致。同时，个案中影响定罪、量刑的情节有很多，估堆式的做法容易出现情节被重复评价的现象。因此，这种缺乏科学标准的刑罚裁量方法被更精确的量刑方法替代是在所难免的事情。

其次，层次分析量刑法所建立的数学模型，将影响量刑的因素拆分细化并一一赋值，但是所赋之值的依据何在？且不说这么复杂的数学模型掌握起来的难度及可操作性，单论这种机械的量刑适用方法，很难提供任何法官可以根据具体案情细微之处对整个犯罪社会危害性、行为人的主观恶性以及特殊预防的必要性作出判断的自由裁量空间，因此也不可取。

再次，电脑辅助量刑甫一问世，就遭到理论上的普遍质疑，反对者认为电脑量刑解决不了对个案差异性的细致判断。这种质疑当然不无道理，刑罚是对人的处遇措施，机器不会具备人类的情感体验，不具备人的好恶感和同理心。张明楷教授对此形象地指出：当法官的人都知道，被告人在庭上的一个独特的眼神，都可能影响法官的量刑。至于这个独特的眼神是否真的应当影响量刑，需要法官有良好的观念。[1]司法裁判在我们现在能够看到技术发展的当下以及对未来的预判，不会也不应当被人工智能完全替代。但是，人工智能、大数据技术的迅速发展，基于对海量判决书案情的归类、比对和分析，确实能够为

---

[1] 参见张明楷：《刑法学》（第4版），法律出版社2011年版，第502页。

同案同判带来更多、更准确的辅助参考，为解决量刑偏差问题带来更多的方案。

最后，基础刑量刑法是对估堆量刑法和数学模型量刑法的调和。它既解决了估堆量刑法只凭经验量刑不够精准的问题，也解决了数学模型法不易操作没有根据的问题，为我国的量刑规范化改革所取，成为量刑规范化改革方法论意义上的理论基础。

二、量刑规范化改革及其评价

（一）量刑规范化改革的背景及演进

量刑规范化改革经历了从理论到实践、从地方法院自发推动到最高法院主导改革、从地方试点到全国推广应用的过程。伴随着世界范围内的量刑改革潮流，我国学术界做出了量刑精确化改革的理论努力、尝试和呼吁，再加上司法实践中一些个案的量刑偏差问题经过媒体发酵引起广泛关注，在这些因素综合作用下，地方法院开始自发地推动量刑规范化改革，制定"地方版本"的量刑规范化文件。2003年江苏省姜堰市人民法院率先启动、自发进行量刑改革，在普查本院已生效案件的基础上，制定了全国范围内第一个《规范量刑指导意见》。2004年山东省淄博市人民法院在吸收基础刑量刑法和电脑量刑法理论长处的基础上，制定了《常用百种罪名量刑规范化实施细则》，并研发出"人民法院电脑辅助量刑系统"，受到普遍关注，成为接下来全国改革的重要参考。随后，浙江省、江苏省等也陆续制定了符合地方实际情况的常见犯罪量刑指导意见。这些改革逐渐进入理论研究者和最高司法机关的视野，为推动全国范围内的改革打下了坚实的基础。

2004年到2008年，最高人民法院开始准备和酝酿量刑规范

第三章 量刑基本原理与量刑均衡理论的学理阐释

化改革。从实体和程序两个层面入手，研究制定故意杀人、抢劫、伤害等犯罪的量刑指导意见，提出健全、完善、相对独立的量刑程序，先后组织专家调研论证，形成意见初稿，反复征求意见，不断修改完善，最终形成了《人民法院量刑指导意见（试行）》（2008年）和《人民法院量刑程序指导意见（试行）》（2008年）。

2008年到2010年，最高人民法院开始推行量刑规范化改革试点。2008年7月至2009年5月为初试阶段，厦门市中院、深圳市中院、姜堰市法院、淄川区法院等法院为试点单位，为试点文件的修正进行实践性准备。2009年6月至2010年9月为全面试点阶段，在全国120多家法院开展试点，检验量刑指导意见的成效。

2013年开始，最高人民法院开始全面推广量刑规范化改革。按照改革总体部署，在总结试点经验的基础上，最高人民法院下发《关于实施量刑规范化工作的通知》（已失效），要求从2014年1月1日起全国法院就试点的15个常见罪名中可能判处有期徒刑的案件，正式实施量刑规范化工作。通知授权各高级法院可以根据本地实际制定各中级法院、基层法院具体实施的分步时间表，也可以结合本地区案件审判工作实际制订实施细则，报最高人民法院备案后正式实施。[1]

2016年，基于两年改革的经验和取得的成效，最高人民法院决定扩大量刑规范化的罪名适用和刑种范围，下发《关于扩大量刑规范化罪名和刑种试点的通知》，将危险驾驶罪，非法吸收公众存款罪，集资诈骗罪，信用卡诈骗罪，合同诈骗罪，非法持有毒品罪，容留他人吸毒罪和引诱、容留、介绍卖淫罪等

---

[1] 参见叶三方："量刑适当实证研究——以相对性为视角"，武汉大学2014年博士学位论文，第141页。

八种罪名纳入改革范围,从有期徒刑、拘役扩大到罚金、缓刑,并指定天津、辽宁、福建、海南等地八个高级法院作为试点法院,在辖区内指定有关中级、基层法院开展试点,在此基础上提出量刑指导意见。同时指定量刑规范化工作基础比较扎实的广东省广州市白云区人民法院就八个试点罪名的罚金刑进行试点,并提出指导意见。

2017年最高人民法院向全国发布实施修订后的《关于常见犯罪的量刑指导意见(二)(试行)》(以下简称《量刑指导意见》),《量刑指导意见》进一步完善量刑方法,明确"以定性分析为主,定量分析为辅"的量刑方法,进一步修改完善常见量刑情节的适用和个罪的量刑规范。要求将十五种常见犯罪全部纳入规范范围,所有中级法院、基层法院全面实施到位。

(二)《量刑指导意见》确立的规范量刑方法

根据2017年修订后的《量刑指导意见》,规范化量刑分为三个步骤:

第一步,确定量刑起点。根据基本犯罪构成事实在相应的法定刑幅度内确定量刑起点。基本犯罪构成事实是定罪事实或定罪情节,是犯罪人所犯罪行中符合犯罪构成并且在相应法定刑幅度内量刑的最基本的事实,最低限度的事实。以故意伤害致人重伤为例,甲重伤3人,重伤1人为基本犯罪事实,据此确定量刑起点。另外重伤的2人作为剩余的事实在确定基准刑时使用。

第二步,确定基准刑。基准刑 = 量刑起点 + 剩余的犯罪事实所评价的刑罚。量刑起点依据基本犯罪事实确定,剩余的犯罪事实即基本犯罪构成以外的事实转化为量刑情节,对这些犯罪数额、犯罪次数、犯罪后果等量刑情节进行评价,根据评价的量确定增加的刑罚量,在量刑起点的基础上加上增加的刑罚量

第三章 量刑基本原理与量刑均衡理论的学理阐释

确定基准刑。以交通肇事罪为例,一些地方的量刑指导意见实施细则中规定,交通肇事致人死亡1人或者重伤3人负事故全部责任的,量刑起点为1年6个月至2年有期徒刑。再重伤1人每人增加刑罚量4至6个月有期徒刑。甲交通肇事致5人重伤负事故全部责任,量刑起点为18个月,剩余的犯罪事实量刑评价为8个月,甲的基准刑=量刑起点(18个月)+剩余的犯罪事实所评价的刑罚(8个月)=26个月。

第三步,确定拟判处宣告刑。根据量刑情节调节基准刑,确定拟判处的宣告刑。《量刑指导意见》对自首、立功、积极赔偿损失、累犯、前科等法定或者酌定量刑情节规定了调节比例,具有多个量刑情节的,根据各个量刑情节的调节比例,采用"同向相加、逆向相减"的方法调节基准刑。以上文甲交通肇事罪为例,甲具有自首情节、积极赔偿损失和前科的情节,根据《量刑指导意见》,自首的可以减少基准刑的40%以下,积极赔偿损失但没有取得对方谅解的可以减少基准刑的30%以下,有前科的可以增加基准刑的10%以下。自首我们以20%为单位,积极赔偿损失但没有取得对方谅解以10%为单位,前科以5%为单位,拟判处宣告刑的刑期为:26×(1+5%-20%-10%)=19.5个月。

第四步,综合全案情况,根据罪责刑相适应原则,对拟判处宣告刑进行调整,确立最终的宣告刑。基于罪责刑相适应原则、刑罚个别化原则和法官自由裁量权的考虑,《量刑指导意见》规定,在前三步确定了拟判处宣告刑后,再综合考虑全案情况,独任审判员或合议庭可以在20%的幅度内对调节结果进行调整,确定宣告刑。当调节后的结果仍不符合罪责刑相适应原则的,应提交审判委员会讨论,依法确定宣告刑。据此,上述交通肇事案,法官认为甲一贯漠视交规,并且有路怒症倾向,对甲在拟判处宣告刑的基础上增加10%的刑罚,最终确定的宣告刑为21个月。

(三)量刑规范化改革的效果及评价

量刑规范化改革是对传统量刑方法的扬弃和创新,是自1979年《刑法》施行以来第一次对量刑机制和量刑方法进行改革,对刑事审判法官而言也是一场审判理念的彻底革命。这项改革经过反复论证、多地试点、谨慎推行、不断完善,在实践中取得了较好的效果。量刑规范化改革对于规范法官的刑罚裁量、实现量刑均衡起到了积极的作用。从广东等地试点法院的经验来看,实行量刑规范化改革以后,量刑结果有了明确清晰的依据,控辩双方都可以提出量刑建议,上诉率及上诉申诉率逐年下降,服判息诉率上升,被告人对量刑结果满意度上升。二审发改率低于量刑规范化改革之前,案件质量有所提升。一审判决结案效率有所提高。退赃退赔率、调撤率逐年提高。[1]这些变化充分说明量刑规范化改革取得了预期的效果。

量刑始终存在着报应刑和预防刑、自由裁量和精确量刑矛盾调节的难题。量刑规范化取得了明显成效,但仍然面临许多难题,这些难题之间甚至还有着"裁量空间仍旧过大"与"导致机械司法"两种现象的矛盾。比如,《量刑指导意见》规定的量刑步骤方法简单易行,但是有些地方法院规定了非常多的实施细则(山东高院的实施细则多达48页),导致法官操作起来有一定难度。再如,一些量刑情节尤其是酌定量刑情节调节比例较大,相对于基准刑40%甚至50%的调节比例,法官的自由裁量权仍然没有得到有效的限制。法官为了方便直接截取调节比例的中线进行适用。又如,有些法官和学者认

---

[1] 参见叶三方:"量刑适当实证研究——以相对性为视角",武汉大学2014年博士学位论文,第141页。

为，规范化量刑导致量刑难以实现个别化，每个案件的实际情况都有不同，被告人个体差异很大，《量刑指导意见》没有也难以规定这些细微之处，法官为了避嫌，一般就不再考虑，因此难以做到刑罚个别化。[1]还有论者认为不可能对所有量刑情节进行量化评价，量刑规范化过于限制法官的自由裁量权，导致法官机械司法，难以实现个案正义。定量化评价失当也容易造成"重罪轻判与轻罪重判"的现象。实践中甚至出现了这样的局面，遇到复杂的量刑问题时，法官先根据自己的司法经验进行判断，估算出一个刑期，而后根据该结果倒推基准刑与量刑情节的调节比例。[2]这是质疑量刑规范化效果的论者们普遍采取的观点。

量刑规范化改革成效有目共睹。一方面，量刑规范化是对法官量刑方法、量刑程序的"规范"，改变了以往凭经验估堆量刑的做法，量刑从无标准到有明确标准，实现了量刑有理、有节、有据，案件质量有明显提高。另一方面，量刑规范化使得量刑标准、程序公开透明，从而增加了外部监督的可能性，对当事人和普通民众而言，增强了对法院和法官的信任度，司法权威和司法公信力获得提升。当然，量刑规范化改革存在或者仍未解决的问题也不容忽视。笔者会在最后一章中深入阐述，进行完善的尝试和努力。

---

[1] 参见刘军："量刑如何实现均衡——以量刑规范化文件为分析样本"，载《法学》2011年第8期。

[2] 参见白云飞："规范化量刑方法研究"，吉林大学2011年博士学位论文，第89页。

第四节 量刑基准、量刑情节与量刑程序改革

一、量刑基准

量刑规范化确立的规范量刑方法，关键和核心是确立基准刑。量刑基准是什么？依据什么标准确立量刑标准？这也是规范量刑方法最难的一点。

根据《量刑指导意见》，量刑基准是基本犯罪构成事实对应的刑罚量加上剩余犯罪构成事实对应的刑罚量，不包括犯罪事实以外的法定或者酌定量刑情节对应的刑罚量。理论上对量刑基准的定义大同小异。有一种观点认为："量刑基准是对确定适用一定刑罚幅度法定刑的抽象个罪，在不考虑任何量刑情节的情况下仅依其构成事实所应当判处的刑罚量。"[1]另一种观点认为："所谓量刑基准是对已确定适用一定幅度法定刑的个罪，对应一般既遂状态下的反映该犯罪的手段特点或者客观危害程度所预定的基本刑罚量。"[2]量刑基准是基础性的标准，针对的是抽象意义上的个罪。至于量刑基准是什么？是一个幅度内的刑罚段还是一个确定的刑罚点？大陆法系刑法理论上有幅的理论与点的理论的学说争议。

幅的理论认为，基础刑具有一定的幅度，因为责任主义的要求考虑刑罚要有空间容纳足够的可能性，法官在这个幅度范围内结合影响预防刑的情节，决定最终适用的刑罚。其具体内容是：客观上不存在确定的刑罚点，只有上下限所划定的幅度范围，存在与责任相适应的几种或几个刑罚。只有在与责任相

---

[1] 参见周光权："量刑基准研究"，载《中国法学》1999年第5期。
[2] 参见王利荣："论量刑的合理性"，西南政法大学2007年博士学位论文，第2页。

第三章　量刑基本原理与量刑均衡理论的学理阐释

适应的幅度范围内选择具体的刑罚才能发挥特殊预防、一般预防的机能。幅的理论是德国判例的基本观点，也是理论上的通说。点的理论认为，基础刑只能是确定的某个特定的刑罚点，不是幅度。其具体内容是客观上存在于责任相适应的确定的刑罚点，法官主观上也能认识到这个点。刑罚不能超出责任刑的点。[1]

笔者认为，量刑基准既然是对个罪犯罪事实抽象意义上的评价，是提取了各种犯罪构成事实类型化以后的评价，具有一般性和普适性的特点，那么就能够明确一个确定的刑罚点对应特定类型的犯罪事实。至于幅的理论所考虑的在与责任相适应的基础上发挥一般预防、特殊预防的机能，可以依靠量刑情节的调节作用和法官的自由裁量实现。规范量刑方法确立的四个步骤中，第二步确立量刑基准，第三步根据量刑情节调节拟处宣告刑，第四步在拟处宣告刑的基础上自由裁量确定宣告刑，兼顾了责任主义与一般预防、特殊预防的要求。同时，作为量刑基准的点的理论，标准更加统一，也更具可操作性，更易为法官所掌握。

量刑基准如何确定？理论上有中线论、重心论、分类确定论、主要因素论、分格论、判决推导论和实证分析论等不同观点。比较有力的观点是中线论和实证分析论。前面也曾论及，中线论被认为是最公正最合理的理论，该论主张构建情节积分与量刑空间刻度关系的理论方案，在完成了对无期徒刑和死刑的系数折算后，基本上是把法定刑的中间刑度和中间刑种作为从重从轻情节适用的基准刻度。[2]德国学者也认为规范的平均

---

[1] 参见张明楷："责任主义与量刑原理——以点的理论为中心"，载《法学研究》2010年第5期。

[2] 参见赵廷光：《量刑公正实证研究》，武汉大学出版社2005年版，第279~351页。

值是量刑公正理想的切入点。[1]实证分析论主张通过对大量个案判决的量刑结果进行实证研究，分析量刑的平均值作为量刑基准的参考。中线论因其简便易行，在实践中得到普遍认同，并且认为中线刑与抽象个罪裸的犯罪构成事实的罪责相适应，但是中线论也有明显的缺点，就是这个标准适用于所有的犯罪使标准显得僵化机械，显然不可能所有犯罪的一般构成事实都对应的刑罚中间线的法定刑。有学者针对海量判决书的研究也表明，中线以下是更合理、更贴近实践的量刑结果。因此，在现有大数据技术手段下，选取不具备法定或者酌定量刑情节（裸的或者接近裸的犯罪构成事实）的大量个案进行实证分析，分别确定个罪的基准刑，是技术上能够做到并且最大程度符合罪责刑相适应原则的方案。

二、量刑情节

量刑情节是反映罪行轻重以及行为人的再犯可能性大小，从而影响刑罚轻重的各种主客观事实。量刑情节是定罪情节以外的事实，能够反映罪行轻重和行为人再犯可能性大小，进而影响社会危害性和人身危险性的评价。依据规范化量刑方法，量刑情节对于最终确定的宣告刑具有重要的调节作用，是刑罚裁量的重要依据。

量刑情节根据不同标准有不同分类。以法律是否明文规定为标准，可以分为法定量刑情节与酌定量刑情节。以情节的处罚功能为标准，可以分为从重处罚情节和从宽处罚情节。以情节的性质类型为标准，可以分为体现社会危害性程度的情节和体现人身危险性程度的情节。以同一情节处罚功能的单复为标

---

[1] 参见［德］汉斯·海因里希·耶赛克：《德国刑法教科书》，徐久生译，中国法制出版社 2009 年版，第 1045 页。

第三章 量刑基本原理与量刑均衡理论的学理阐释

准,可以分为单功能情节和多功能情节,前者如从重处罚情节、从轻处罚情节、减轻处罚情节等,后者如减轻或者免除处罚情节、从轻或者减轻处罚情节等。以情节适用的强制性为标准,可以分为命令性量刑情节(应当型)和授权型量刑情节(可以型)。以情节在刑法中的范围为标准,可以分为总则性量刑情节和分则性量刑情节。以情节发生的时间为标准,可以分为罪前、罪中、罪后情节。罪前情节如犯罪人的一贯表现,罪中情节如犯罪手段、犯罪动机等,罪后情节如犯罪后的态度。

法定量刑情节和酌定量刑情节的分类在刑罚裁量时具有重要作用。法定量刑情节是法官依法应当考虑的情节,法官在量刑时必须予以体现,按照评价作用又可以分为法定从宽情节、法定从重情节:法定从宽情节包括自首、立功、坦白、犯罪中止等,法定从重情节包括累犯、教唆不满18周岁的人犯罪等。酌定量刑情节是法官酌情予以考虑的情节,法官可以根据案件具体情况、对犯罪人人身危险性的评估考虑是否适用酌定情节,包括犯罪的手段、犯罪的对象、犯罪的动机、犯罪后的态度、犯罪人的一贯表现、前科等。

当一个案件中从宽情节与从重情节并存时,会出现量刑情节冲突的现象。比如既有自首情节又是累犯的情况,如何适用判处刑罚?传统估堆式量刑方法一般采用整体综合判断的方法,或者轻重抵销的办法,得出的量刑结果可能是适当的,但是存在情节适用偏差或者考虑不周的可能,也不具有指导实践操作的意义。规范化量刑方法提出"同向相加、逆向相减"的方法调节多情节并存时的冲突问题。同时,由于罪中量刑情节对于罪行轻重和再犯可能性的评价作用远大于罪前或者罪后量刑情节,比如未成年人犯罪、未遂、中止、从犯、防卫过当、避险过当等罪中情节,规范化量刑方法确立了罪中情节的优先调节地位，先适用该量刑情节对基准刑进行调节，在此基础上，再适用"同向相加、逆向相减"的方法对其他量刑情节进行调节，有效解决了最初实践中全部按照"同向相加、逆向相减"的方法得出量刑结果为零或者负数的问题。这种方法的科学性和操作性在实践中得到了有效验证。

量刑情节种类繁多，量刑情节的适用也非常复杂。因此，一个情节可能在定罪环节和量刑环节被重复使用，加重了犯罪人的刑事责任。禁止重复评价是量刑情节适用的基本原则。《量刑指导意见》规定了四步骤的规范化量刑方法，定罪情节、剩余犯罪事实、量刑情节在不同阶段分别予以评价，有效避免了重复评价的可能性，但是实践中，还是可能会出现重复评价的问题，需要法官在量刑观念中以及在适用量刑规则时牢记这一点。

三、量刑程序改革

量刑规范化改革不仅是实体方面的改革，也是程序方面的改革。改革之前，司法实践中普遍存在的误区是"重定罪、轻量刑"，认为只要定罪定性准确，量刑结果是否适当不是很重要的事情，由此也产生了许多量刑方面的问题。量刑规范化改革对量刑标准和量刑步骤进行科学化调整，同时建立了量刑建议制度和相对独立的量刑程序。以往定罪和量刑不分家，定罪以后由法官根据案情自行决定量刑结果，检察机关庭审时只就案件的定性问题，即被告人构成何罪发表意见。改革之后，法庭调查和法庭辩论阶段，定罪和量刑都具有独立存在的意义，分别进行调查和辩论。公诉人可以就量刑结果提出量刑建议，被告人、辩护人、被害人可以就量刑建议发表意见进行辩论，对量刑结果和过程有了实质性监督，增强了量刑的透明度和公

第三章 量刑基本原理与量刑均衡理论的学理阐释

正性。

　　量刑程序改革的方向何去何从？理论上曾有较大争议。支持论者认为独立量刑程序改革应当大胆前行。[1]微调论者认为，当前在量刑模式存在的问题主要不是程序法问题而是实体法问题的情况下，用程序法的改革手段去解决实体法问题，显然不对路。未来量刑制度改革应以实体性改革为主，程序性改革为辅。在量刑程序改革方面，不宜大改，可以小改或微调。适度的程序改革举措可包括：（1）限制量刑程序的适用范围，将其限定于不认罪案件和控辩双方在量刑主张上存在重大争议的案件这两种类型。其他案件不设立专门的量刑环节。（2）将量刑环节设置在统一的庭审过程中，与定罪环节略有区隔即可。（3）限制量刑审理方式的对抗性程度，按照高效、科学的原则加以处理。（4）进一步推行量刑说理制度。（5）完善量刑救济程序。[2]量刑程序改革要与一国的法律体系、司法制度、司法资源相适应。英美法系完全独立的量刑程序不适合我国国情，实践中并不可行，而且绝对独立的量刑程序改革对于量刑公正的积极作用也是有限的。案多人少的矛盾是当前司法实践中比较大的一个矛盾。无论是完全独立还是相对独立的量刑程序，都会延长庭审时间，消耗司法资源，影响诉讼效率。微调论的主张更为现实。要把有限的司法资源用在最需要且能够发挥最大作用的案件上，在不认罪案件、重大疑难案件中适用相对独立的量刑程序具有更大的价值和必要性。量刑建议、量刑说理制度要进一步推行，在争议性案件中应允许量刑辩论。这种观点在当下推行的认罪认罚从宽处理制度改革中也获得了认同。

----

[1] 参见陈瑞华："量刑程序改革的模式选择"，载《法学研究》2010年第1期。
[2] 参见左卫民："中国量刑程序改革：误区与正道"，载《法学研究》2010年第4期。

第五节 小 结

无论理论上在报应刑、预防刑和教育刑之间如何争辩和抉择，司法官在具体个案的量刑过程中，恐怕都不能不考虑报应、特殊预防、一般预防这三个方面，只不过不同的案件、不同的被告人侧重点有所不同。量刑的价值选择过程很难用文字表述，可意会不可言传，司法官可能没有明确意识到自己斟酌量刑时考虑到了这三个方面因素的影响。从规范评价的角度，区分作为定罪、体现报应理念的责任刑的情节与作为量刑、体现预防理念的预防刑的情节，准确界定基准刑，是较为妥当的做法。这样做，即便是对估堆量刑法，也预先设置了一道规范科学的闸门。

量刑均衡的衡量指标有很多。量刑均衡要求罪刑相当，罪刑相当是对罪刑关系的静态评价，意味着刑罚轻重要与所犯之罪的社会危害性相适应。罪行重，则刑事责任重；罪行轻，则刑事责任轻。任何人犯了罪，都不应当被判处比所犯之罪更重或者更轻的刑罚。这是报应刑的要求。量刑均衡要求充分考虑行为人的人身危险性、再犯可能性，做到刑责相称。这是预防刑的要求。从动态的角度看，量刑均衡要求一视同仁、无偏差的量刑，要求同案同判、异案异判，不能因为身份、性别、籍贯等单纯案外因素对一个人进行量刑上的歧视或者优待。量刑均衡要体现时间、空间上的均衡，还要在不同类型犯罪之间实现体系均衡。比如，整体而言，抢夺罪的量刑要轻于抢劫罪，侮辱罪轻于伤害罪。

量刑程序改革是量刑均衡的技术保障。实现更好、更快、更精确、更科学、更公正的量刑，需要在程序方面不断革新，

第三章　量刑基本原理与量刑均衡理论的学理阐释

不断调适公正与效率、打击犯罪与保障人权之间的价值平衡，需要侦查机关、公诉机关、审判机关、辩护方等多方努力，共同实现动态的量刑均衡、实现相对意义上的量刑公正。契合当下推行的各种改革，在这方面可以做的工作很多。本书以实体为主，在日后继续拓展研究时，将更多地关注于此。

第四章
域外量刑模式及贪污受贿犯罪量刑标准比较研究

第一节 域外量刑模式与量刑均衡实践比较研究

一、美国的量刑指南模式与发展趋势

作为英美法的主要代表之一,美国诉讼体制中关于量刑的制度仍然保留了陪审团定罪、法官量刑的基本格局,但是随着社会事务的复杂化,传统英美法系(或者判例法)所追求的以个别化的判决实现整体公正的目标正在不断调整,而关于量刑权如何展开——分解成实体部分和程序部分;由谁来实施量刑权——检察官、法官、陪审团等各方之间的权限该如何分配;如何运用技术实现量刑科学化——量刑规范应该体现为强制性还是参考性才成实现公正与效率之间的某种平衡,是近几十年美国不断改进量刑权最为重要的几条主线。

基于建国的特殊性,美国的法律制度大部分承袭了判例法,使得美国司法权(无论是法律规范还是司法机构)从宏观上不具备统一的先决条件。20世纪前半叶,受欧洲大陆法学思潮的影响,在美国社会防卫思想和"矫正刑"大行其道,而刑罚个别化又与英美法中天然推崇的赋予司法官"自由裁量权"不谋

第四章 域外量刑模式及贪污受贿犯罪量刑标准比较研究

而合。所以就早期而言，量刑权基本掌握在各州的法官手中，他们的量刑依据主要来自之前的判例积累。从美国早期判例来看，不仅包含殖民地时期所积累的判例，甚至还包括英国本体的司法判例。建国以后的很长一段时间，美国各州的法律自成体系，显得凌乱无序。后期，在联邦与各州司法权分权逐步确定之后，囿于传统也没有制定统一的刑法。在此背景之下，法官的量刑仍然主要依靠之前的判例，并且量刑权掌握在法官手中，属于自由心证之下法官司法权的当然组成部分。此时的量刑几乎与程序正义无关，仅仅属于实体法适用的问题。就量刑的技术而言，由于并无成文法典，量刑本身的依据取决于法官在裁决中如何适用区分技术，所以当时刑罚更接近于一种不定刑期。

美国量刑制度的重要转折始于20世纪60至70年代，各州之间交往日渐密切，社会事务日渐复杂，新型的、跨州的案件不断出现，案件数量激增，使得原本推崇的刑罚个别化的量刑模式出现了一系列问题。司法成本不断提高、各州法律规范的差距等原因反而使得个案的"公正"损害了国家刑罚适用的整体平衡。许多州开始摒弃之前的不定刑期，[1]联邦体系内开始摒弃不定期的假释释放，转而适用在服刑期间可以通过一定规则计算出固定刑期的相对确定刑。1975年，经国会议员肯尼迪的提议，国会通过了第2699号议案，着手制定以弗兰克尔[2]构想的方法为基础，草拟联邦量刑指南的框架，其中首次提出设立一个联邦层面的专门量刑机构——联邦量刑委员会。1980

---

[1] 这些州包括缅因州、亚利桑那州、加利福尼亚州、科罗拉多州、明尼苏达州、华盛顿州等。

[2] 弗兰克尔是当时美国联邦第十巡回法庭的上诉法官，有美国的"量刑改革之父"之称。

年,明尼苏达州、宾夕法尼亚州、华盛顿州率先实施了量刑指南。1984年,美国国会通过了量刑改革法案(The Sentencing Reform Act),美国历史上首次出现了联邦范围内的专门量刑机构——联邦量刑委员会。该机构设立之初的主要目标为:探求量刑的诚实、追求量刑的一致性与合理性、实现量刑的均衡。[1]

1987年,在量刑委员会的努力下,美国《联邦量刑指南》(The Federal Sentencing Guideline)终于出台,并且依照当初的制度设计,此规范属于强制适用规范。在某种意义上,它从形式上改变了美国司法体系中以法官为主导的不定刑期的量刑模式。

《联邦量刑指南》创立的最主要目的在于扭转传统量刑之下那种直觉式的非理性的判决结果,从而避免"同罪异罚"对司法公正的削弱,但《联邦量刑指南》也并非是大陆成文法系量刑模式的照搬,也并非仅仅提供对于某些罪名各级量刑结果简单罗列和规则计算。在这繁杂的,看似如计算题般精确的背后是一个复杂且多方参与的过程。需要对过往的无数案例进行整理、分类、比较,提取出影响该类案件判决结果的固定或者不固定因素,计算出每个因素的权重,最后精确得出每一项要素与判决结果之间的某种比例关系。与之前完全依靠法官的区分技术相比,《联邦量刑指南》着眼于全国范围内案件的审判结果,且以规范化、量化的面貌出现,并且规定了诸如某些犯罪最低刑期等做法,使法官不能再依靠自我的解读而随意挑选影响量刑的基本要素,在整体上实现了量刑的规范化和确定性。

---

[1] Kirby. D. Behre & A. Jeff Ifrah, "You Be the Judge: The Success of Fifteen Years of Sentencing under the Unit States Sentencing Guide-lines", 40 *American Criminal Law Review* 5, 6 (2003).

第四章　域外量刑模式及贪污受贿犯罪量刑标准比较研究

量刑指南模式在本质上压缩了法官司法权的核心组成部分——自由裁量权,对美国一直以来奉行的对抗式诉讼模式、证据制度等产生了一定的影响。

《联邦量刑指南》虽然在名义上具有强制性,法官必须适用,但是在实践中,该指南的出台并未从根本上推翻美国传统量刑的基本模式。其适用带来一系列问题:

第一,在适用范围上,仅局限于联邦法院层面,对各州的地方法院法官只有参考作用。从案件的种类上看,并未包含所有类型的案件。

第二,即便在联邦法院体系内,真正严格依照量刑指南适用的案件也远远低于预期。自1995年至2000年,联邦法院作出的背离量刑指南的判决结果占到36%。[1]

第三,并未从根本上消除量刑偏差,某种意义上呈现出扩大的趋势。造成这样的结果有多种原因,其中量刑指南的量化式立法技术使得对某种罪名的量刑要素不断分割、再计算,反而导致了过分依赖规则而丢失规范之外柔性判断的结果,而直觉的平衡感是量刑中不可缺少的要素。

第四,量刑指南并不能穷尽案件中所有影响判决结果的要素,由于量刑指南试图采用一种所谓科学的精神,将无数个案的量刑过程与结果格式化、标准化,这难免会忽视某些特殊案件的量刑过程和结果,导致对少数特殊型案件适用的不合理。

《联邦量刑指南》除了上述对量刑模式的直接影响外,还对美国传统的诉讼模式也产生了一定影响。

第一,以法官为中心的对抗式诉讼模式受到一定程度的冲击。美国作为判例法的代表国家之一,其法律文化中一直秉持

---

[1] Unit States Sentencing Commission, *Sourcebook of Federal Sentencing Statistics*, Figure G, 51 (2001).

着法官指挥整个诉讼过程,两造平等对抗以实现个案司法公正的基本模式。法官审判权的核心组成部分就是在自由心证之下的自由裁量权。为此,颇具特色的辩诉交易制度才得以展开(因为量刑的根据在于法官本身对案件事实以及事实以外的其他因素的综合考量)。法官的自由裁量权受到了一定的限制,原本更多根植于法官经验判断的过程转变成为成文的、刚性的规则。对法官而言,由于《联邦量刑指南》仅规定了一般的、法定的量刑情节,从而使酌定情节在实际的审判中被忽视了,法官无法超越指南规则创造出与时俱进的"新法",丧失了法官造法的基本条件和主观能动性,对于判例法而言无疑丧失了最根本的"活力",法官沦为一部机械执行规则的"法律计算机""会计"。[1]

自由裁量权间接转移到了检察官和缓刑监督官身上。在本质上,《联邦量刑指南》仅仅要求法官在量刑时强制适用,但并不限制检察官和缓刑监督官适用。在美国的司法体系中,被告人刑罚的实际适用情况与检察官提出的量刑建议以及判决后缓刑监督官的"二次评估"密切相关。即检察官所指控的罪名种类,如果在法庭上被陪审团认定为罪名成立,从法官量刑的角度,只能依据量刑指南中确定的罪名以及与之相关的刑罚计算方式,决定最后的刑期。法官不能像之前那样,越过检方的起诉罪名,根据自己形成的心证作出一定的判决。这样的情况同样发生在适用缓刑的程序中,"量刑指南已经对刑事判决产生迅速而又戏剧性的影响,法官的自由裁量权已经从地方法官转移至检察官和缓刑监督官"。[2]

---

〔1〕 Kate Stith&Jose A. Cabranes,"Judging under the Federal Sentencing Guideline",91 *North western University Law Review* 1255,(1997).

〔2〕 Gerald W. Heaney,"The Reality of Guideline Sentencing: No End to Disparity",4 *Federal Sentencing Reporter*,142(1991).

第四章 域外量刑模式及贪污受贿犯罪量刑标准比较研究

第二，高度量化、格式化的量刑模式难以持久。《联邦量刑指南》的出台对于美国法官而言，仿佛从一个极端到另一个极端。为了防止法官自由裁量权所造成的量刑偏差，为追求一致性和公平性，《联邦量刑指南》以一种数学的演算方式试图将所有可能影响量刑结果的因素以一定的精确的方式体现出来，但却严重缺乏弹性。事实上，立法无论怎样细化都无法代替个体经验给予的柔性判定，也无法包罗所有可能出现的量刑因素，但格式化、量化的立法模式让法官自觉或不自觉地追求量刑绝对均衡的目标（事实上不可能实现），于是不断制定更加细化的量刑规则，"无限"分割刑罚体系就成了该指南制定后为适应现实需要而不断"改进"的主要方式和任务。"经历了过去的15年，当前版本的指南有500多页，修正案超过600多个。指南包含冗长而复杂的规定，反映了量刑委员会试图涵盖每一位法官对刑事被告人量刑时可能考虑到的、与加重和减轻有关的因素。"[1]

第三，从长远看，大大增加了司法运行的整体成本。对美国法官而言，从一本厚厚的并且仍然在不断翻新的量刑指南中找出适用结果并不比从浩瀚的判例中找寻合适的判决依据轻松多少。并且从法官所受的法学教育传统来看，法官们擅长的是逻辑以及辩证思维，并不精于数学规则的计算，量刑指南的出现让法官们不得不把大量的精力投入到机械的、重复的数字演算中。这对于依赖法官造法而保持整体法律质量的判例法而言，是弊大于利的选择。对于检察官、律师、缓刑监督官等法律共同体而言也是如此。尽管《联邦量刑指南》仅仅针对法官强制

---

[1] Kirby. D. Belue & A. Jeff Ifrah, "You Be the Judge: The Success of Fifteen Years of Sentencing under the Unit states Sentencing Guide-lines", 40 *American Criminal Law Review* 5, 6 (2003).

适用，但是整个诉讼过程的参与，律师、检察官也必须面对这些事无巨细的精确计算，才能把握案件审判的预期，正如传统上仰赖对判例的掌握以及经验的判断，而这也是一名合格的检察官、律师确保诉讼顺利进行的前提。

从判决的结果来看，由于《联邦量刑指南》中出现了对于某些犯罪（例如毒品犯罪）最低刑期的强制适用，以及酌定量刑情节的排除，使得原本依赖经验判定可以无罪、罪轻的案件不得不机械地依照量刑指南作出有罪、罪重的判决，压缩了大量非监禁判决，使监狱人口不断增加，原本就负荷运转的监狱变得雪上加霜。[1]

《联邦量刑指南》在美国实施十几年后，形式上不断量化的立法方式与传统判例法诉讼模式之间的冲突，以及在司法实践中不断出现的问题和法理中存在的争议，使得美国司法界对量刑指南的适用一直充满不确定性。事实上，量刑指南的出现从未在根本上改变美国传统判例法追求个案公正、崇尚经验逻辑的基本品性。鉴于量刑指南的强制适用并未从根本上实现量刑均衡的基本目标，反而在一定程度削弱了判例法原本的优势。终于，在历经了阿普伦迪案（Apprendi v. New Jersey）、布莱克利案（Blakely v. Washington）以及布克案（United states v. Booker）之后，《联邦量刑指南》在2005年失去了它的强制性，沦为一般性的审判参考规则（即参考施行，此时的《联邦量刑指南》又称为《联邦模范量刑指南》）。

布克案之后，美国司法量刑不再受到《联邦量刑指南》的限制，但是也并没有回归到传统司法那种完全仰赖法官自由裁量的状态。相反，在《联邦量刑指南》适用的18年内，这样充

---

〔1〕 参见彭文华："美国联邦量刑指南的历史、现状与量刑改革新动向"，载《比较法研究》2015年第6期。

第四章　域外量刑模式及贪污受贿犯罪量刑标准比较研究

满确定性的、量化的量刑模式让美国司法界看到了彻底自由裁量与机械量刑之间的张力，当量刑指南失效时，反而开始寻求一种介于两者之间的、既能保留判例法法官经验和理性，又能整体降低量刑失衡风险的方法。为此，美国量刑改革出现了一些新动向：

1. 不断完善联邦量刑委员会（The Sentencing Commission）的构成、角色、定位

（1）由更加专业的人员构成。1984 年创立的联邦量刑委员会是一个独立于司法界的行政机构，它是国会下设的负责量刑的专门机构。布克案之后，由于《联邦量刑指南》不再具有强制力，所以如果希望法官能尽可能地适用量刑指南，则量刑指南必须更加贴近司法实践的要求，并且能够回应司法实践提出的问题。此时的联邦量刑委员会与司法机关、法官之间建立了更加密切的对话机制，使量刑改革不再一味追求数字上的罪刑均衡，而是必须兼顾个案正义。为此，格式化、量化的立法更加科学化，这对机构的组成人员提出了更高的要求，不仅需要成员具有专业的法律背景，还必须有具备统计学、社会学等多个学科知识背景的人参与到对量刑数据的收集、分析、评估、制定、推行之中。

（2）去政治化，同时增设相应的监督机构。联邦量刑委员会作为国会的一个下设机构，本身独立于司法机构（传统上司法机构被认为是中立的），在制定量刑政策时难免会受到国会内部政治局势的影响。同时，量刑作为一种与公民基本权利密切相关的司法权，原则上仅依赖司法监督是不够的。所以部分州在量刑委员会之外，纷纷设立独立的专门机构——量刑审查委员会（或量刑法律审查委员会），以加强对量刑工作（或者是量刑权）的监督，并减少国会等政治因素对量刑权运行的不当

干预。[1]

（3）适当吸收社会防卫派的代表，一定程度上矫正重刑化的倾向。以《联邦量刑指南》作为量刑的依据，虽然增加了量刑的确定性，但却会忽视个案中的差异，以及并不常见的酌定量刑情节，而这些情节在实践中往往是从宽处理的重要依据。从实际统计结果来看，量刑指南的适用，一定程度上具有传统意义上的"康复刑"倾向，量刑普遍比以前更重，从而具有一定"重刑化"的倾向。改革之后，机构中会增加社会防卫派的代表，他们将康复刑（教育刑）、刑罚个别化思想与规范化的量刑更好地结合在一起，实现一定程度的刑罚轻缓化。

2. 在立法技术上精简量刑指南的标准，从而更好地与法官的自由裁量权相结合

量刑指南的直接目标是希望通过大量的数据统计，精确计算出每个影响案件量刑的事实因素的权重，以此来引导法官在量刑时只要符合指南中的事实因素要求，就大致可以得出一个统一的结果，由此防止同案异罚产生的量刑偏差。就判例法传统的以法官绝对自由裁量权为前提而言，这种基于实证统计得出的量刑"模式"既有一定的科学性，同时也有一定的确定性，不失为矫正量刑偏差的有力手段。但是，从量刑的根本目的来看，即为实现公平与效率之间的平衡，单纯并且机械地采用量化、格式化的模式反而会走向另一个极致，即不停地仰赖更加精细、"科学"的量刑演算模型，忽略了法官作为具有理性和感性的"人"所具有的量刑的灵活性和特殊性。在技术上，量刑委员会一直在不断地修改量刑指南，试图让它能够更加适应现实审判的需要，以至于在短短的18年中，《联邦量刑指南》的

―――――――

[1] 这些州有：明尼苏达州、亚拉巴马州、加利福尼亚州、康涅狄格州、俄勒冈州、宾夕法尼亚州、堪萨斯州等。

修正案超过了 600 多个，这对于以浩瀚的判例为基础的法官断案活动而言，无疑是不小的负担，但更为重要的是，这种追求无限精确度的计算技术恰恰在本质上背离法律适用的根本目的——量刑不是数学式的机械计算，而是基于理性和感性的综合判断。随着司法界对传统量刑模式一定程度的回归以及对量刑指南本身的反思，相关机构、人员对量刑指南的精简进行了一定的探索。曾有量刑专家组提出了初步的量刑框架，"量刑网格中仅仅保留 11 个犯罪等级而不是原有的 47 个；每个犯罪等级与更加广泛的量刑幅度相联系等"[1]。精简之后的量刑指南相较过去有着更为广泛的量刑因素，且在具体计算刑期时也给法官留下自由裁量的空间，量刑能够在不至于出现重大偏差的前提之下（计算所得），容许法官基于经验理性而得出个别化、特殊化的量刑结果。

3. 不断优化量刑的程序

从传统上看，无论是判例法还是成文法，量刑本质上仅仅涉及实体问题，但随着社会事务的日趋复杂，量刑由单纯的法律适用转变成为一种适用技术。当什么事实因素可以成为量刑的影响因素，它们的举证规则有何不同，出现多个计算规则的时候是否具有顺位等问题不断出现之后，量刑开始具有程序的意义。《联邦量刑指南》的失效很大程度上就是因为其在法理上有违宪法的正当程序。现代科技的发展试图保证量刑指南本身的科学性和实用性，又必须通过程序监督来保证量刑的正当性和公正性。"量刑委员会应始终关注法院在布克案之后量刑中的一些程序和举证责任的方法。"[2]

---

[1] Michael M. Ohear: "Guidelines Simplification: Still an Urgent Priority Post-Booker", *Federal Sentencing Reporter*, Vol. 20, No. 5, 2008, p. 347

[2] Douglas A. Berman Tweaking Booker: "Advisory Guidelines in the Federal System", *Houston Law Review*, Vol. 43 No. 2, 2006, p. 385.

从司法实践来看，当时强化程序规则的常见方式主要有：分段式刑事审判制度、量刑信息的调查报告制度、严格的量刑说理制度、上诉审查制度、案例数据库制度等。其中分叉式刑事审判制度和上诉审查制度颇具代表性。

（1）分段式刑事审判制度（Bifurcated Criminal Trials），大致内容是将整个审判过程区分为定罪程序和量刑程序，关键在于每种程序适用各自不同的证据规则、互不干扰，裁量者尽量不受先前定罪事实的干扰，避免先入为主，将注意力集中在与量刑有关的事实和证据上，使量刑更加专注、高效。在美国司法实践中，分段式审判程序被认为有利于保证被告人基本权利，与人权保障的基本价值取向一致。以实施该程序的阿肯色州为例，整个程序分为定罪与量刑两个阶段，被告人可以选择适用该诉讼程序，并且在量刑程序中，必须基于量刑而非定罪的目的挑选陪审团。在此之前，陪审团除了知道被告人获罪之外，不能知晓在定罪阶段的所有证据。如果被告人同意认罪，检察官与法官必须认可陪审团的量刑。

（2）上诉审查制度（Appellate Review），在传统上是为了限制法官自由裁量权，所以在量刑指南制定之初就曾有设计上诉程序以监督量刑适用的设想，但随着量刑指南的强制适用，量刑指南不断量化的特征日益明显，原本设计的上诉程序仅具有形式审查的意义而无实质审查的功能。依照当初的设计，该上诉程序只能审查法官量刑的依据以及结果是否正当。根据量刑指南，量刑结果是高度格式化、机械化的，所以即便审查也无非是对此过程的重复，并无实质监督的功能。在布克案审理期间，联邦最高法院也赞同对案件的量刑进行复审。[1]布克案之

---

[1] 参见彭文华："美国联邦量刑指南的历史、现状与量刑改革新动向"，载《比较法研究》2015年第6期。

第四章　域外量刑模式及贪污受贿犯罪量刑标准比较研究

后,《联邦量刑指南》不再具有强制性而仅具有参考性,因此就出现了法官根据经验和理性不再严格遵循量刑指南中所确定的法定情节,而是综合考察法定与酌定情节,依照自由心证作出量刑结果的现象。这就不再是机械的、演算式的,而是经验和规范的有机统一。一旦需要对量刑作出实质性的审查,意味着:第一,就量刑的过程和结果而言,必须以一定范围内的规则确立界限,虽然这样的规则并不十分精确;第二,法官的量刑过程必须形成一个足够具体的书面说明,以便上级法院据此判定量刑的正当性。

二、德国的自由裁量模式与量刑标尺

德国作为大陆法系的代表,它的量刑制度也颇具特色。与强调程序的英美国家相比,德国的量刑制度本质上仍是一个实体性问题。由于大陆法系国家并无陪审团审判的传统,在以法官为核心的诉讼过程中,量刑权掌握在法官手中。与此相适应的是,为遏制或者限制法官滥用手中的自由裁量权,大陆法系国家没有像美国那样尝试用立法的技术性手段限制或者细化法官的裁量过程和结果(因为《德国刑法典》本身对每个罪名都确定了相应的刑罚幅度,并且有区分重罪轻罪的制度,这本身就是对法官自由裁量的一种当然限制),而是更要求法官必须理解并且结合刑罚的目的(当然德国的刑罚相关理论发展是非常复杂的,同时对社会现实的变化是敏感而深刻的)在判决书中说明如此量刑的基本理由以及影响量刑的各种因素。所以,德国的量刑制度表现出一种强大的理论素养。

对德国这样一个成文法国家而言,刑法典中会规定每一个罪名相应的刑种和刑期。以自由刑为核心的刑罚体系之下,会给出一般的量刑幅度,然后由法官根据相应的量刑因素在量刑幅度内确定刑期。

就整个德国国内法而言，宪法是位阶最高的法律，原则上规定了量刑的基本原则和方向。根据《德国基本法》第20条第1款规定的法治原则中包含了责任原则，即要求罪责与刑罚相适应，由此奠定了量刑的宪法基础。这在一定程度上超越了传统刑罚理论中的报应刑为基础作为刑罚的正当性。同时，《德国刑法》第46条第1款进一步明确"行为人的责任基础是量定刑罚的基础"，在德国刑法体系中，行为人或者行为的某些因素决定其刑事责任，而刑事责任决定其最终的量刑。这在本质上包含了量刑两个层面的问题：第一，对犯罪人处以刑罚的正当性基础是什么？第二，对犯罪人处以刑罚必要性的尺度是什么？前者主要着眼于已经发生的行为，或者主要着眼于未来社会整体安定性的考虑；后者着眼于被告人自身的特殊情况。绝大部分情况下这两者是统一的，但也会有例外情况的发生，这时就需要法官综合考虑犯罪人的行为、犯罪人自身的基本情况，甚至是被害人的情况。

理论上量刑的基础主要依据犯罪人自身行为的严重程度，其次才需要考虑行为人再社会化的问题。再社会化的考量一般不在犯罪构成要件的范畴之内，主要是根据行为人自身的一些特征背景以及被害人的某种特征背景，甚至是社会整体的治安形势，由此对之前所根据行为进行确定的基准刑再次进行调整，最后确定一个宣告刑。

目前德国比较主流的量刑理论是"点的理论"与"幅的理论"。

"点的理论"认为任何一个刑法意义上的行为都有特定对应的罪责，该罪责的内容对应的量刑结果也应当是唯一和特定的。所以根据"点的理论"，法官依据理性与经验进行量刑的时候，

第四章 域外量刑模式及贪污受贿犯罪量刑标准比较研究

不存在选择的幅度,而仅仅有特定的、对应的唯一刑罚后果。尽管由于各种限制,我们可能难以找到这个点的存在,但是不能因此否认这个点的存在。并且根据点的理论,一旦确定了与责任相对应的刑罚点之后,只能在这个点之下考虑预防犯罪的需要,当然在法定的某些减轻处罚的情节之上,可以考虑在法定刑之下决定最终的量刑。

"幅的理论"主要是指与罪责相适应的刑罚表现为一定的空间和幅度,法官应在此幅度范围内考虑犯罪人社会化的问题,最后作出一个相应的、确定的宣告刑。与此相适应的是,根据"幅的理论",与罪责相适的刑罚并不是确定唯一的,而是有着可以调整的空间。幅的理论否认与罪责相适应的唯一刑罚点的存在,不是认为碍于技术原因无法查找和确定,而是在主观上无法查找到这点。司法官的量刑必须在一定幅度之内,可以在这个幅度的上限和下限之间综合考虑行为人再社会化的问题作出量刑,当然也可以接近上限或者下限作出量刑。

幅的理论更多体现了"责任范围之内的预防",即司法官考虑预防主义(或者功利主义)必须受到"责任主义"的限制,而责任最重要的基础就是行为人的客观行为。为此,基于幅的理论,行为人的客观行为(例如严重性等)最终为犯罪人再社会化(预防主义)提供了上限和下限,使得考量社会化因素必须受到量刑责任的限制。采用"幅的理论"量刑能够一定程度上结合刑罚传统意义上的报应观念和预防观点,更好地融合刑罚的正当性和必要性。

"幅的理论"在实践中也存在不足:第一,如何根据各种事实因素确定每一个罪名的量刑幅度。至少有几个问题在现有的立法技术和认知水平之下难以解决。何为"责任",由于个体的差异,每位法官即使审理同一案件也会有所差别,而这里涉及量刑的首要问题就是如何取舍各种量刑因素以及每种量刑因素对量刑结果的影响。第二，如何认定某个量刑幅度本身的正当性。行为、罪责、刑罚这本是三种完全不同的事物，在量刑中必须将它们有机统一起来。为此如何换算罪责与刑罚之间的关系，不仅仅是技术（计算）问题，也是价值取向问题。人们抛弃原始的"以眼还眼、以牙还牙"报应刑的做法，就意味着真正意义上的"公平"已经结束了，后来出现的所有刑罚种类（乃至体系）从技术意义上讲，并不是为了更好地"报应"已经发生的犯罪行为，而是人类社会融合了某种价值观、感性、理性换算的"痛苦的等级"而已，它需要用有限的刑罚种类（等级）对应无限的犯罪行为，在这两者之间建立起一种梯度合理的对应关系，法律的"公平"至少在形式上实现了，但需要注意的是，这样的"换算"以立法的形式出现时，至少从形式的角度它是正当的，但是当这样的幅度需要司法官随个案而定时，对这种换算而成的幅度就会产生疑问。第三，根据"幅的理论"，司法官的量刑会处于"黑匣子模式"。[1]根据德国刑法的规定，法官在量刑时需要综合考虑三个方面的问题：行为的严重程度、罪过程度、再犯可能性，[2]但这是指三个方面不仅仅是三个事实因素。所以，法官往往会根据自己的直觉进行判断和解释，因此会得出不同的结论。更为重要的是，德国的量刑理论为求精确，无论是幅的理论还是点的理论都要求按照步骤进行，即首先确定刑罚的幅度（或者点），然后二次进行调整，最后作出判决。但事实是，德国刑事诉讼法并未规定需在

---

[1] 参见［德］弗兰茨·施伦特："德国量刑理论的基本问题和最新进展"，陈学勇、罗灿编译，载《人民法院报》2014年6月6日。

[2] 参见［德］弗兰茨·施伦特："德国量刑理论的基本问题和最新进展"，陈学勇、罗灿编译，载《人民法院报》2014年6月6日。

第四章　域外量刑模式及贪污受贿犯罪量刑标准比较研究

判决书中明确写出所谓的"幅"或者"点"。理论上的"幅"或者"点"其实只是存在于法官的头脑当中（有可能这都不存在）。旁人无法观察，也无法评价，更无法审查。

"点的理论"与"幅的理论"相比，司法官的自由裁量权更狭小，由于"点的理论"作出宣告刑时需要在"点"以下，所以就刑罚的结果而言，"点的理论"得出的结果更加符合"轻缓主义"的要求。"采取点的理论，意味着法官在考虑预防必要性大小之前，必须确定责任刑这个点。即使确定这个点比较困难，所确定的点也可能并不十分精确，但这个点的确定，能够限制法官对预防刑的考虑，防止法官量刑的恣意性，从而保障被告人的权利。"[1]

虽然德国刑法量刑理论众多，并且以理论严谨和精确著称，但是实践中法官们的具体做法仍然与理论保持了一定的距离。从实证调查的统计情况来看，德国法官量刑时更倾向于考察犯罪行为的严重性，即行为的手段、后果等围绕犯罪人犯罪行为的客观事实，作为量刑的主要甚至是唯一依据。主流理论认为，也需要考察的再社会化问题在量刑时则逐步被边缘化，从而导致量刑结果日趋加重。在伤害、交通肇事、侮辱、侵害轻微财产这四项轻罪中，根据统计和分析，其中最为重要的量刑因素是损害后果，其比例分别占了82.8%、76%、83.5%、85%，几乎决定了量刑的后果，而与社会化有关的因素动机，则仅仅占到3%、1%、3%、2%。此种量刑趋势在重罪的判决中同样也能看到，例如在强奸罪中。根据相关的统计，影响该罪量刑的事实因素被主要区分成了11项，分别是先前刑罚、是否造成了肢体伤害、未来预测、参与情况、饮酒、暴力、协作、社会化、

---

[1] 参见张明楷：《刑法学》（第5版），法律出版社2016年版，第548页。

犯罪能量、动机、被害人情况。其中仅仅是先前刑罚、犯罪能量、社会化与行为的严重性并无直接关系，其余都是基于犯罪行为严重性的直接或者间接的考察。[1]

从该统计结果可以看到，德国的量刑理论技术上趋于精确化，价值取向上更加注重报应和预防的并合主义。无论是"点的理论"还是"幅的理论"都在一定程度上希望把司法官量刑的判断过程确定化、计算化，这与美国20世纪70、80年代的量刑改革不同。英美法系法官自由裁量的传统让这次量刑改革"矫枉过正"，试图将量刑固定为机械的计算过程，但由于过于压缩法官自由裁量权导致整个诉讼结构都有所动摇，为此又不得不将量刑指南降格为参考适用。德国是成文法国家，它在量刑制度上的变革更多体现为一种柔性的、潜移默化的影响，并且在理论上不断进行着尝试和修补，但是司法实践始终与理论保持着一定的距离。

德国司法统计表明，德国量刑实践较好地实现了量刑轻缓化和量刑均衡化。尽管没有采用美国那种精确、严格的量刑指南模式，但德国司法传统的训练使法官奉行"通常案件""三分之一"标准，以保证量刑均衡。根据德国联邦普通法院的解释，所谓"通常案件"是指能够代表一类犯罪的典型情形；"三分之一标准"是指对于"通常案件"的犯罪，量刑起点不是法定刑的中线，而是法定刑范围内靠近最低法定刑的三分之一区域。这为其他案件的量刑提供了明确的标尺和参照。德国联邦普通法院的"三分之一"标准对德国量刑实务产生了直接影响，有力地保证了量刑的轻缓化与均衡化。联邦普通法院在量刑领域的影响主要是通过司法机关内部的量刑机制来实现的。德国的

---

[1] 参见赵秉志、赵书鸿："论德国传统量刑理论中刑法预防目的的边缘化——实证性检验与事实性说明"，载《江海学刊》2013年第1期。

第四章　域外量刑模式及贪污受贿犯罪量刑标准比较研究

量刑实证研究表明,这一量刑机制包括以下方面:第一,法官内部通过非正式渠道传达量刑信息(例如年轻法官会私下向资深法官请教);第二,在量刑决定之前,法官和检察官会查阅以往类似案件的判决文书;第三,检察官可以向法官提出量刑建议。[1]

从实际的统计结果来看,尽管刑罚的社会化功能已经为主流观点所认同,并且成为刑罚正当性的重要支柱,但无论从理论深度还是从可操作性上都有待完善。德国量刑在刑事司法实践中有着笼统化与简洁化的倾向,这与近些年德国量刑理论的发展趋势正好相反。现实中法官的量刑更加追求"公平"的效果,而"预防"的效果则被退居其次。正如我们在上文中所提到的关于刑罚目的的分析,无论是一般预防或者特殊预防,在技术上实现精确的操作仍存在很大困难。为此,要想真正实现"惩罚与预防"相结合的目标,仍需要理论上作出更多的探索乃至突破。刑罚这两个价值取向所能容纳的空间恰好为司法实践满足社会需要提供了选择的机会。

三、苏格兰、加拿大、澳大利亚的信息应对模式与量刑特点

除了美国和德国的量刑制度和为克服量刑失衡而努力的量刑实践具有典型性、代表性外,还有以苏格兰为代表的量刑信息应对模式颇具特色。这种量刑模式是最早依靠科学技术手段以求实现量刑均衡,建立案件数据库、类案参考系统辅助法官判案。这种量刑模式主要分布在加拿大四省(英属哥伦比亚、纽芬兰、马尼托巴、萨斯喀彻温)、苏格兰地区、澳大利亚三州(昆士兰、新威尔士、维多利亚)。

---

[1] 参见江溯:"无需量刑指南:德国量刑制度的经验与启示",载《法律科学(西北政法大学学报)》2015年第4期。

苏格兰的量刑信息系统并非自然生长，而是政治上偶然引发的结果。苏格兰虽然是英国的一部分，但由于独特的历史背景使得其政治、司法等领域都与英国其他地区有所不同。20世纪90年代初，苏格兰保守党大臣基于对苏格兰地区量刑实践的不满（认为该地区的量刑出现重大失衡），提出限制法官自由裁量权的"双击模式"，其中便规定了每种犯罪行为的法定最低刑。苏格兰在司法传统上更接近判例法，同时依照一定程序形成的法案也是重要的审判依据。所以虽是判例制度，但与英国其他地区的司法传统又有区别，被认为包含了不少欧洲大陆法系司法传统的色彩。苏格兰的量刑体系更兼顾两者特色。

从1993年到2002年，苏格兰地区经过持续的研究，终于决定采用量刑信息系统模式，以求在一定程度上缓解量刑不均的问题。他们首先将这套量刑体系运用到高等法院的审判中，并且让法院的书记员从事案件收集整理的初步工作。到2002年，该系统大约收集到了超过15 000个案件，这些案件时间上横跨15年，内容上不仅包括初审案件，还包括了部分上诉案件的基本情况和量刑结果。"苏格兰量刑信息系统主要由两个子系统构成：一个被称为'数据获取子系统'，通过这个系统可以获取以往量刑的相关信息；另一个被称'数据输入子系统'，通过这个系统，能够将量刑相关的信息输入系统以备之后所需。"[1]由此可见，这是一个开放、动态的系统，便于司法官们随时查阅最近最新的案件，司法官可以将待量刑的案件与庞大的案例库时时紧密联系起来。

司法官审理案件量刑时主要运用的是"数据获取子系统"。

---

[1] Neil Hutton, Cyrus Tata, John N. Wilson, "Sentencing and Information Technology: Incidental Reform", 2*Information Journal of Law and Information Technology*, Supra note 37, at 268.

第四章　域外量刑模式及贪污受贿犯罪量刑标准比较研究

司法官可以根据两种方式查阅相关案件，为自己审理的案件提供依据和理由。一种被称为"修正方法"，另一种被称为"犯罪行为方法"。

以一则典型案件为例：某人在某晚持刀入室抢劫，结果造成了一名成人重伤，一名儿童轻伤，并抢走了价值2000元的物品。当司法官审理这个案件进行量刑的时候，他可以先选择"数据获取子系统"，然后选择"案件分类"，确定是"抢劫罪"之后，由于入室抢劫行为属于成文法中明确规定的加重情节之一，所以需要在罪状等级中选择"加重"。此外，由于该案件中影响量刑的因素还有很多尚未评级，所以需要继续选择"修正方法"予以精确筛选，例如，被告人的年龄、性别、是否有前科、是否造成人员伤亡、获取财物的价值、行为的时间地点等各种情节。然后选择最接近待量刑案件的案例，继续点击"查看量刑图表"，此时就会显示出与待量刑案件最相似案件的总数量以及与之最相似的案件量刑的基本情况，其统计以柱形图的形式表现出来，横轴表示为各个刑种，纵轴表现为各个刑种适用的频率，即在相似的情况下，绝大部分司法官的量刑情况。例如在此情况下，根据统计适用频率最高的还是判处监禁自由刑，则法官可以继续点击该柱状图，将进一步显示在该种判决的情况下量刑是如何分布的，同样以柱状图的形式出现，从图标中，司法官可以进一步看到在自由刑的刑种中司法官们具体量刑的分布状态，例如可能会显示判处2年至5年的占到整个总数的36%，判处5年至8年的占整个总数的34%，8年至10年的占到整个总数的20%，10年至12年的占到整个数量的10%。此时法官可以以统计的结果作为参考，选择自己的量刑结果。当然，如果法官认为有必要进一步了解某个具体的相似案件，可以选择接续"个案具体情况表格"从中选择出信息系统中的具体案件情况，里面收录了高级法院收录存档的该案件的全部法律文书，例如判决书、起诉书等。从中可以更加仔细地查看所有的判决理由。如果法官对于某项量刑因素确实不知或者无法查清的，又或者认为某项事实因素与量刑关系不大，可以进入"主要罪刑方法"系统内，在那个选项下面选择"忽略"，然后点击"查看量刑图表"，可以得到相对笼统的量刑统计情况，其余操作与前系统并无不同。

信息输入系统一般并不由司法官操作，而是由其他司法工作人员根据给予的信息提示，将生效案件判决的相关内容逐项填入，例如犯罪人基本情况、被害人基本情况等，该信息系统会自动保存这些信息。之后法官在使用"信息获取子系统"时，该新保存的案件又成为法官查看以往栏里的一部分，实现信息系统的及时性和有效性。

从上述关于苏格兰量刑信息模式的简单介绍，我们可以看出该模式具有以下特点：

1. 与量刑指南模式相比，该模式对于司法官的约束呈现出一种柔性的约束。由于量刑指南的强制适用（现在美国已经废止了它的强制性），司法官的自由裁量权受到了极大的压缩，令判例法一度失去了最为宝贵、最有活力的法官"造法"能力和资格。量刑信息模式给法官仅是参考的效力，并无强制适用的约束力，法官可以在获得他人（国内同行）最广泛量刑信息的同时，继续保留所拥有的自由裁量权。一方面可以使自己的判决不至于出现大的偏差，同时也可以针对特殊案件凭借自由心证作出个性化的判决。现代社会出现量刑不均衡现象，不仅仅是因为价值文化的多元间接影响了法官的判断，更是由于信息不对称导致无从对比。该系统恰好及时解决了信息不对称的问题，让法官可以随时掌握一定范围内类似案件的量刑结果，从而调整自己的量刑。

2. 该系统能及时更新系统内的案件，以便司法官掌握最新的案件判决结果，避免量刑信息的滞后。独立行使审判权的核心是法官在自由心证之下自行审判，不受其他权力的干涉，当然也不能以"同行互助"的方式进行。所以，司法官们遇到某些特殊的、崭新的、不常见的案件时，量刑能有的参照比较有限。在量刑指南这种模式之下，所有量刑因素的展开、变更、调整都由量刑委员会以成文的量刑指南（量刑修正案）的形式出现，往往具有滞后性，无法做到及时更新。量刑信息系统以它的开放性（既可获取又可以上传），相较于量刑指南自上而下的发布模式显得高效许多。

3. 它兼具判例法与成文法的特征和优势。判例法以法官造法的形式推动着法律本身的进步，同时避免了突然的、大规模的立法对社会造成的冲击，但是该模式以个案公平实现社会整体正义的路径也存在着一定风险，法官的自由裁量对量刑造成的失衡风险较之成文法大了许多。成文法的优势在于通过限缩法官的自由裁量权，使法律适用整齐划一，最终实现个案公正。其产生的风险在于立法的机械性、滞后性，导致对一些特殊案件的机械处理。量刑信息系统以成文法的形式将案件的基本情况宏观统计，同时又保证法官可以查到系统内的每一个微观个案，避免单纯机械地适用统计结果而忽略了法官个案裁决的细节。

4. 该量刑信息体系也并非没有缺点。第一，它的适用所需要的成本巨大，不仅在于要有专门的工作人员及时上传更新，更需要整个司法系统有完备、完善的档案管理体系以及以司法公开作为前提和基础。第二，与量刑指南刚性的约束相比，量刑信息系统更像一个相对精确的以往案件的查找比对系统，在此系统中仅能看到类似案件判决量刑的一部分（不是所有案件都在该系统内），难以抽象出各个量刑因素与量刑结果之间的因果关系和对应关系，法官对此的参考仅仅停留在数量堆砌和经验积累的层面，无法在法官造法上提供更有力的支持。

第二节　域外贪污受贿犯罪的定罪量刑标准

一、英美法系贪污受贿犯罪定罪量刑标准立法规定

贪污受贿犯罪作为职务犯罪最突出的一类，一直是美国司法打击的重点。虽然美国是典型的判例法国家，但是关于贪污受贿类犯罪的规定却主要以成文法的形式出现。主要集中于以下法典：《美国政府道德法》（1978年美国国会通过，1982年、1987年修改）、《道德改革法》（1989年通过）、《行政部门雇员道德行为准则》（2011年通过）、《美国法典》（1926年通过）。[1] 其中《美国法典》第18编"犯罪与刑事诉讼"第201～209条规定了公职人员贪污受贿的各种罪名。例如贿赂公职人员罪、贿赂证人罪、公职人员受贿罪等。与我国规定贪污受贿犯罪以犯罪数额为最主要的定罪量刑标准不同，上述立法中仅对犯罪行为的性质及方式做了一定描述，数额不属于犯罪构成要件（当然美国法中并无犯罪构成理论，这里仅仅表明数额并非法官定罪量刑的必要条件）。除此之外，有关贿赂罪的法律还零散分布于《联邦贿赂法》《有组织的勒索、贿赂和贪污法》《不正当敛财及不正当犯罪组织法》（通称RICO法）等成文法典中。美国有关贪污受贿的刑事规定并不像大陆法系那样讲究体系的严

---

〔1〕 参见庄小茜："导读：美国的反腐败立法及相关制度"，载《美国政府道德法　1989年道德改革法　行政部门雇员道德行为准则》，蒋娜等译，中国方正出版社2013年版，第9页。

第四章 域外量刑模式及贪污受贿犯罪量刑标准比较研究

密,反而因为判例法的传统以及特殊的联邦体制显得凌乱、破碎,但这并不妨碍其凭借其高度、务实的立法风格建立起一整套有效的反腐法律体系。由于有州和联邦两套司法体系的存在,各州关于贪污受贿犯罪的规定各不相同。总体来说,就法定刑而言,主要集中在四类刑罚:拘禁刑(相当于我国的有期徒刑)、罚金、剥夺公职保有权、没收犯罪所得利益。

根据美国受贿罪的规定,基于责任而非数额的不同将受贿行为分成为两类:一类为重型受贿罪,可被判处最高20年监禁;一类则是轻型受贿罪,一般处以罚金刑,而罚金刑也是使用最为广泛的刑罚种类。较有特色的是唯一一种资格刑——剥夺公职保有权,一旦适用该刑罚,往往会涉及犯罪人能够继续担任与名誉、利益、信任有关的公职。这虽然并非剥夺犯罪人的自由,但对公职人员(甚至部分非公职人员)而言,给他们造成的后果往往比单纯的拘禁更加严重。所以有论者认为,美国关于受贿罪的立法规定更着眼于将此类人清除出公职人员的队伍,而其他刑罚后果与政治、行政后果相比,处于补充的地位。[1]

英国对贪污受贿犯罪的规定也是采取立法定性、司法定量的模式。根据2010年《英国反贿赂法》的规定,贿赂犯罪分为四种,分别是行贿罪、受贿罪、贿赂外国公职人员罪、商业组织不履行预防贿赂义务罪。受贿罪的处罚区分简易定罪和公诉定罪,情节较轻的简易定罪,处不超过12个月的监禁刑,或者不超过成文法上限的罚金,或者并处罚金;情节较重的经公诉定罪,处不超过10年的监禁刑或者罚金,或者并处罚金。[2]

---

[1] 参见于雪婷:"受贿罪法定刑设置研究",吉林大学2011年博士学位论文,第109页。

[2] 参见王君祥编译:《英国反贿赂法》,中国方正出版社2014年版,第3~37页。

二、大陆法系贪污受贿犯罪定罪量刑标准立法规定

大陆法系国家多以成文法的方式对贪污受贿犯罪进行了规定,并且依据行为手段或者情节不同在立法上进行类型化,构建严密的规制体系,立法上都没有入罪数额或者情节的限制。

《德国刑法》第331~335条规定了受贿罪、索贿罪、行贿罪、违反公职的行贿罪、情节特别严重的贿赂罪,只要实施了受贿或者索贿的行为即构成犯罪。情节轻重影响索贿罪的轻重,特定身份者处罚更重。《德国刑法》第331条规定,公务员或者对公共职务特别负有义务的人员就其职务活动为自己或者第三者要求,使被约定或者接受利益的,处3年以下的自由刑或者罚金刑。法官或者仲裁人就其已经从事或者将要从事的法官性质的行为,作为回报,为自己或者第三者要求,使被约定或者接受利益的,处5年以下的自由刑或者罚金刑。第332条规定,公务员或者对公共职务特别负有义务的人员就其已经从事或者将要从事的职务行为和因此侵害了或者可能侵害其职务行为,作为回报,为自己或者第三者要求,使被约定或者接受利益的,处6个月以上5年以下的自由刑。在较轻的严重情形中处3年以下的自由刑或者罚金刑。法官或者仲裁员就其已经从事或者将要从事的职务行为和因此侵害了或者可能侵害其职务行为,作为回报,为自己或者第三者要求,使被约定或者接受利益的,处1年以上10年以下的自由刑。在较轻的严重情形中处6个月以上5年以下的自由刑。[1]

日本刑法也是类型化的立法方式,其刑法典中规定了7种贿赂犯罪,包括受贿罪、第三者受贿罪、加重受贿罪、事后受

---

[1] 参见冯军译:《德国刑法典》,中国政法大学出版社2000年版,第205~206页。

第四章 域外量刑模式及贪污受贿犯罪量刑标准比较研究

贿罪、斡旋受贿罪、斡旋第三者受贿罪、行贿罪,各类犯罪刑罚配置不同。法国刑法规定了违法加收或减免税款罪、履行公职人员收贿受贿罪、非法取利罪、妨害参与公共工程之自由及投标人平等罪、窃取或隐匿财产罪。意大利刑法规定了贪污罪、侵吞私人财物罪、利用他人的错误贪污罪、侵吞国家财产罪四种贪污犯罪,规定了索贿罪、因职务行为受贿罪、因违反职责义务的行为受贿罪、在司法行为中受贿罪、受委托从事公共服务的人员受贿罪、教授行贿罪、诱使非法给予或许诺给予利益罪等多种贿赂犯罪类型。[1]

大陆法系诸国的立法体例给予我们有益的借鉴,司法实践中受贿类型多样,有必要根据侵害法益程度的不同,在立法上对贪污受贿犯罪进行类型化规定,并配以相称的法定刑。

第三节 小 结

量刑失衡是每个国家都会遇到的司法适用难题,并且这个难题会随着社会的复杂性日益加深。这很大程度上并非技术落后的缘故,而是源于法律本身运行的特征——公平与效率的天然矛盾,也是报应刑与预防刑、法官自由裁量与技术精准量刑矛盾的体现。有论者将上述应对普遍存在的"量刑失衡"问题的办法归纳为三种类型:传统型模式、指南型模式以及信息应对型模式。[2]这一归纳不无道理。这三种模式在我们当下的量刑司法实践和正在推行的量刑改革中都能看到身影。传统型模

---

[1] 参见赵秉志:"贪污受贿犯罪定罪量刑标准问题研究",载《中国法学》2015年第1期。

[2] 参见蔡曦蕾:"量刑失衡的克服:模式与选择",载《中外法学》2014年第6期。

式其实就是我们上一章提到的我国司法实践中经常使用的估堆量刑法,给予法官较大的自由裁量空间。指南型模式是用量刑指导意见给法官重要参考,而信息应对模式则是当下大数据技术运用基础上的类案参考系统的前身。

德国自由裁量模式仍然依靠传统理论的发展,仰赖法官自我的法学修养,并赋予法官几乎绝对的自由裁量权,量刑过程虽有理论学说多种选择,但是在正式的判决书中并不需要一一说明得到量刑最终结果的具体理由,一定程度上类似于"黑箱操作"。从理论上看,每位法官可以基于自我立场针对同一名犯罪人的相同行为给出完全不一样的量刑结果。

指南型模式主要指《美国联邦量刑指南》这种以成文化、具体化的形式固定量刑过程的做法,通常这种模式都会有某个独立或者依附于司法机构的专门量刑机构从事量刑规则的制定。通过对大量审判实例的收集、整理、分类、分析、提炼等过程,最终在实证基础上总结出足以影响司法官量刑的诸多因素,然后以某种方式规定各因素与最终量刑结果之间的对应关系,让法官在量刑时必须遵循这样的关系,最终得出量刑的结果。一般而言,量刑指南模式表现为两种方式:其一,以数字计算的方式出现,例如《美国联邦量刑指南》。其二,以文字叙述的方式出现,例如加拿大、韩国、新西兰等国家。与传统的"黑箱操作"相比,量刑指南模式追求的是透明化、明确化的量刑过程,使审判具有高度的确定性。同时,量刑指南依赖社会学的工具,从大量零散的判决中抽象出法官审判的一般规律,并且以成文立法的形式固定下来,其优点是具有高度的精确性和均衡性,缺点是法官的能动性不足,有血有肉的量刑过程蜕变成一种单纯的计算过程和技术判断。

信息应对模式依靠科学技术手段,在对法官判决的案件及

第四章　域外量刑模式及贪污受贿犯罪量刑标准比较研究

结果以一定的方式收集并且分类的基础上，将影响量刑的诸多事实因素一一分解作为一个个变量，然后以此为中心建立起同一变量、不同判决结果的庞大的数据库。当法官们审理案件进行量刑的时候，可以依照案件的不同情况（量刑因素）搜索出与此量刑因素最相似的生效案件的相关判决以及众多类似案件的量刑分布，由此得出最为合适的量刑结果，但个案千差万别，这个世界上没有同样一条河流、同样一片树叶，信息应对模式只能作为参考存在，不能替代法官凭借经验、理性、法感对案件进行裁判。

　　量刑均衡制度发展的趋势应是三种模式的融合。报应主义基础上的一般预防要求规范量刑、同案同判；特殊预防要求法官甄别犯罪人个人情况，包括特别值得同情和特别需要谴责的个人情况；互联网、大数据技术为海量案例的量刑情况分析提供了技术可能。因此，实现量刑均衡，既要明确量刑起点、量刑基准、量刑情节适用标准，对量刑进行规范，也要给予法官一定的自由裁量空间，避免机械司法，量刑数据库可以为法官办案提供辅助性的参考和对照。

第五章
贪污受贿犯罪量刑均衡机制规范构建

一、建立贪污受贿犯罪入罪数额标准的动态调整机制

面对1997年《刑法》5000元的入罪数额，过去十几年，司法实务普遍以不立案或者非刑罚化的方式选择适用法外标准。这可以理解为是司法官在适法过程中面对与现实脱节的立法，不合理、过度地运用从轻情节等刑法解释技术作出的适应性调整。即使有充分的正当理由，仍难避免"违法司法""选择性司法"的质疑。"刑九"和《解释》提高贪污受贿犯罪的入罪数额标准，学界与实务界对此已基本达成共识。然而，面对严峻的腐败犯罪形势，这似乎是一件"应当做但不可以公开说"的事情，反对的声音仍不少。比如，有学者以严厉惩治腐败为由，认为应该维持1997年《刑法》5000元的入罪数额起点，没有必要将具有特殊情节的贪污受贿行为的数额标准再提高。[1]也有学者认为应贯彻"严而不厉"的政策要求，立法应当扩大处罚广度，保持现行的5000元定罪标准不变。[2]这些严惩腐败的初

---

[1] 参见刘仁文："贪污受贿定罪量刑的修改与评析"，载《刑事法治体系与刑法修正理论研讨会论文集》（2016年4月），第228页。
[2] 参见王刚："我国受贿罪处罚标准立法评析"，载《环球法律评论》2016年第1期。

衷当然能够理解,但是笔者认为,一国立法应当与该国的司法实践、国情国策相适应,提高贪污受贿犯罪入罪数额标准、建立与经济发展水平相适应的动态调整机制才是正确务实的做法。

1. 我国刑事治理体系采取的是"刑罚-行政罚"二元结构体系,设定入罪数额标准并根据经济发展情况适当提高,并不意味着放纵贪腐。刑法以外还有党纪,二者衔接共同发挥惩治腐败的作用。只要我们保持对腐败犯罪高压严惩的态势,刑罚处罚与纪律处分双管齐下,取消数额标准或者维持不变论者的顾虑在实践中并不会发生。

2. 刑罚在公共治理体系中是负担很重,但效果有限的公共资源,刑罚的严厉性不如刑罚的必定性。我国刑法采取的是立法定性又定量的模式,入罪数额标准的合理划定关系到犯罪圈的大小,如果数额过低、犯罪圈划得太大,超过刑事司法资源的负荷,效果反而适得其反,而且我国犯罪标签的负面效应太大,前科对一个人的工作、生活、社会声誉等方面的直接间接影响很大,广贴标签的做法不利于行为人的教育改造、复归社会。

3. 论者经常以域外刑法不设数额要求论证我国刑法规定的不合理,这一观点似是而非。域外刑法理论也认为,处罚轻微违法行为,不仅从刑事司法资源分配的角度看不现实,而且也会面临是否违反宪法规定的比例性原则的拷问。比如德国对罪量极其轻微的行为,采用程序法上的手段予以分流处理,以减缓司法机关的追诉压力。对于最低法定刑为1年以下的轻罪行为,检察机关在征得法院的同意后可以作出不起诉的决定。[1]这是大部分国家的通行做法。比如,盗窃一块面包就要作为犯

---

[1] 参见王莹:"情节犯之情节的犯罪论体系性定位",载《法学研究》2012年第3期。

罪处理，从刑事政策上来讲也不会起到好的效果。

4. 从刑罚公正的角度来看，现在刑法规定 30 000 元的入罪标准，随着经济发展及通货膨胀的因素，十年以后币值 30 000 元的货币购买力可能相当于今天的 3000 元甚至更少，今天的 3000 元尚不予刑事处罚，十年后的"3000 元"却要入罪显然有失公允。与其维持标准不变，令司法难以承受再次选择变通执行去"选择性司法"，以遭广泛质疑和批评，不如立法主动求变。

因此，真正的问题不是应不应该提高入罪数额标准，而是应当如何提高、以何种依据提高、何时提高？即，立法如何面对下一个十年、二十年？这个问题不仅贪污受贿犯罪存在，所有的数额犯都存在。关于调整依据，理论上有"人均国民生产总值""最低劳动报酬""家庭年平均剩余财产数额"等诸多观点。目前较为通行的见解是以全国城镇居民人均可支配收入为主要基准，并在参酌货币购买力、居民消费指数（CPI）、通货膨胀等因素的基础上进行适度调节，比如 2013 年全国城镇居民人均可支配收入调整为 26 955 元，以此为依据建议设置为 3 万元。[1]还有一种观点认为应当参照《国家赔偿法》的规定，以"上年度国家职工年平均工资"为调整依据。[2]2013 年度国家职工平均工资为 52 739 元，这一指标和本书统计结果所反映的、应当提高到的数额相接近。实际上，全国城镇居民人均可支配收入、国家职工年平均工资并无绝对区别，都是可以参考的标准，具体需要运用经济学理论与技术进一步分析，确定与前次立法数额价值一致，易为人理解，具有可操作性的经济指标。

---

[1] 参见赵秉志："贪污受贿犯罪定罪量刑标准问题研究"，载《中国法学》2015 年第 1 期。

[2] 参见陈磊："犯罪数额规定方式的问题与完善"，载《中国刑事法杂志》2010 年第 8 期。

关于调整时间，与《国家赔偿法》等法律不同，刑法作为兼具报应与预防功能的基础性法律更应保持稳定性，不宜每年一调。可以考虑每隔五年启动一次立法评估，由最高立法机关、最高司法机关联合起来对五年来的经济发展、币值变动情况以及贪污受贿犯罪案件数量及量刑情况进行实证调研，以国家职工年平均工资等经济指标为调整依据，确定是否应当提高入罪数额标准以及具体提高到多少。

二、确立贪污受贿犯罪量刑数额标准的区域均衡机制

贪污受贿犯罪定罪量刑的数额标准是全国统一还是允许有地区差别，理论上有两种不同观点。"全国统一论"认为，贪污受贿犯罪与盗窃罪、抢夺罪等侵犯财产犯罪不同，其更主要的是侵犯国家工作人员职务的廉洁性。因此应当一视同仁，不能搞区别对待。[1]除这一论据外，赞同全国统一标准的理由还有：各地区经济差距不断缩小并逐渐趋于平衡导致"数额区间"规定模式的适用基础不断削弱并将不复存在，允许不同地区"各自为政"会导致认定上的不统一和实践中的争议，不同地区相关身份取得并无区别因此适用法纪也应当统一。[2]"区别论"则认为，应授权省级司法机关根据本地区经济发展状况，并考虑社会治安状况，在司法解释规定的幅度内明确本地区执行的具体数额标准。[3]因各地经济发展程度不同，确立差异化标准能够兼顾刑事法制的统一与各地方的差异和具体情

---

〔1〕 参见韩耀元："贪污受贿罪的数额应如何确定"，载《人民检察》2015年第18期。
〔2〕 参见刘宪权："贪污贿赂犯罪最新定罪量刑标准体系化评析"，载《法学》2016年第5期。
〔3〕 参见赵秉志："贪污受贿犯罪定罪量刑标准问题研究"，载《中国法学》2015年第1期。

况。[1]从我们统计的情况来看，即便立法上不做区别，司法适用时各地区之间，尤其是经济发达和经济落后地区之间不可能不加区别。

1. 关于"统一论"的第一点理由，贪污受贿犯罪确实与盗窃罪、抢夺罪等财产犯罪侵犯客体不同，但不能因此否认财产数额是反映国家工作人员职务廉洁性被侵犯程度的重要标志，立法上不可能不考虑数额在贪污受贿犯罪定罪量刑中的作用。既然如此，就应遵循数额定罪量刑的一般规律。

2. 关于"统一论"的第二点理由，随着经济高速发展各地区的经济差异不断缩小并趋于平衡的论断与事实不符。相反，当前的发展趋势是大城市的政治经济文化资源聚集效应明显，经济发展地区差异逐渐变大而不是缩小。这是区域经济发展的"马太效应"。从世界各国的城市发展趋势来看也是这样，人口流入城市和人口流出城市的差距会越来越大，我国这些年的城市发展情况亦如此，一线、强二线城市与三线、四线城市的发展规模、经济体量差距越来越大。

3. 关于"统一论"的第三点理由，区域标准不同会带来司法适用困难，所以应统一标准。这是逻辑上的"本末倒置"，司法适用困难并不能证成立法上不应当设立有差别的标准，况且盗窃、诈骗等财产犯罪本就允许有地区差别，司法上完全可以通过"就低不就高"的技术手段解决数额带来的"区际冲突"问题。

4. 关于"统一论"的第四点理由，身份不是贪污受贿犯罪刑罚轻重的评价依据，不能以身份取得条件无差别来论证刑罚标准应相同。关键在于，同样受贿50万，在经济落后地区可以

---

[1] 参见时延安："刑罚权运作的秩序——刑事法制中的'中央与地方'问题研究"，载《法学家》2010年第5期。

第五章 贪污受贿犯罪量刑均衡机制规范构建

买一套别墅，在一线城市可能只能买到10平方米的空间，如果处罚一样能体现公平吗？地区间经济发展程度不同导致货币购买力不同，单位货币代表的社会危害性也不同。在经济发达地区贪污受贿50万、100万在量刑上有所区别，如果经济落后地区100万的实际购买力相当于发达地区的50万，置换一下，落后地区100万的量刑结果（实际上相当于发达地区的50万）和发达地区的100万也应当有所区别。笔者的统计结果也表明，实践中贪污受贿犯罪因地区发展不平衡导致的地区差异客观存在，这不仅反映在数额巨大、数额特别巨大案件的发案量上面，司法官实际量刑轻重也有地区差异。

理论上有借鉴盗窃罪量刑地区差异立法例的观点。[1]最高人民法院、最高人民检察院《关于办理盗窃刑事案件适用法律若干问题的解释》第1条规定，盗窃公私财物价值1000元至3000元以上、3万元至10万元以上、30万元至50万元以上的，应当分别认定为《刑法》第264条规定的"数额较大""数额巨大""数额特别巨大"。各省、自治区、直辖市高级人民法院、人民检察院可以根据本地区经济发展状况，并考虑社会治安状况，在前款规定的数额幅度内，确定本地区执行的具体数额标准，报最高人民法院、最高人民检察院批准。笔者认为，从立法技术上看，这种模式没有明确具体的调整依据，实践中操作起来缺乏明确指引，而且这种模式不能直观地体现各地区的经济差别。对此，可以借鉴《国家赔偿法》的立法方式，以省级行政区划为单位，采取"各省同一经济指标（城镇居民人均可支配收入或职工年平均工资）"乘以倍数的方式。同样也是每隔五年启动一次立法评估，在实证调研基础上确定是否需要调

---

〔1〕 参见赵秉志："贪污受贿犯罪定罪量刑标准问题研究"，载《中国法学》2015年第1期。

整，从而确立贪污受贿犯罪量刑数额标准的区域均衡机制。

三、加重生刑，完善贪污受贿犯罪的刑罚结构

生刑过轻是我国刑罚结构中一直存在的问题。有期徒刑最高刑期15年，实际关押期限一般12年左右。与其他国家尤其是英美刑法相比较，我们的有期徒刑刑期较短，有期徒刑实际上是短期徒刑。这一点一直为理论界和实务界所诟病。在贪污受贿犯罪这里，生刑愈短，数额与刑期愈难建立起对应关系，量刑均衡愈难实现。"刑九"增设终身监禁作为贪污受贿犯罪死缓减为无期徒刑的执行方式之后，生刑与真正的无期徒刑之间的断档更大，在没有数罪并罚的情况下，最高15年有期徒刑和终身监禁（终身监禁可能意味着监禁30甚至40年）之间，缺乏过渡衔接的刑罚。"刑九"和《解释》提高数额标准，只是解决了贪污受贿犯罪量刑扎堆导致失衡问题的一半，另一半只能通过立法上完善刑罚结构来解决。

有期徒刑刑期应加重多少？理论上有种观点认为，应当将有期徒刑的上限提高到25年。[1]笔者认为，25年上限偏高，20年较为合适。根据德国学者的实证研究，经过20年实际关押后，犯人的人格通常遭到破坏，既无气力，也无感情，成为机器和废人。从对犯罪人的惩罚与预防的必要性而言，除了死刑之外，只需要15至18年左右的关押。[2]考虑到减刑、假释的可能性，提高有期徒刑的上限至20年较为合适。这样仅考虑有期徒刑的话，贪污受贿犯罪的三档刑罚分别为3年以下，3年以上不满10年，10年以上（上限到20年），刑罚格差合理，有充

---

[1] 参见陈兴良："刑罚改革论纲"，载《法学家》2006年第1期。
[2] 参见张明楷："死刑的废止不需要终身刑替代"，载《法学研究》2008年第2期。

足空间容纳、对应等差较大的犯罪数额。

四、重构数额与情节关系，确立贪污受贿犯罪量刑规范化指导意见

"刑九"和《解释》对数额与情节的规定方式，带来了数额与情节关系不清、作用不明、适用不便，情节规定不合理，数额、情节的调节幅度不明确等新的问题。从根源上讲，这是对数额与情节在贪污受贿犯罪中评价作用的"理论准备不足"导致的，可以从以下几个方面加以完善：

1. 重新界定数额、情节在贪污受贿犯罪定罪量刑中的作用。贪污罪是利用职务便利侵占公私财物，它并没有多余的"渎职行为"，犯罪数额在贪污罪定罪量刑的评价中起主要作用，非数额情节起辅助作用。受贿罪是典型贪赃枉法的犯罪，如果只"枉法"不收钱，只可能构成滥用职权罪等渎职犯罪。受贿罪的本质是渎职类的犯罪。[1]在受贿罪中，犯罪数额与非数额严重情节的竞合是常态，反映"谋利情况"的数额与反映"渎职情况"的其他非数额情节都是评价受贿罪社会危害性大小的重要依据，因此，应当提高受贿罪反映"渎职情况"的非数额情节作为定罪量刑依据的权重。如前所述，"刑九"和《解释》已经作出一定调整，但是非数额情节量刑的地位提升还不够。域外受贿罪的立法例普遍将受贿渎职情况作为加重情节，或者单独作为受贿罪的一种类型赋予较重的法定刑，值得借鉴。以郑筱萸案为例，非数额情节在受贿案实际量刑中的作用可能要大于数额情节。一直以来，法院在审理省部级高官腐败案件中现实有着"坦白—认罪—退赃"即可免死的从轻处罚惯例，极少

---

〔1〕 参见张明楷："贪污贿赂罪的司法与立法发展方向"，载《政法论坛》2017年第1期。

人因贪腐被判处死刑立即执行,但是郑筱萸一案渎职情节的严重性打破了这一惯例。郑筱萸受贿、玩忽职守一案是在国内外引起广泛关注的省部级高官腐败案件之一。该案之所以受到高度关注,不仅在于犯罪人的职位高(省部级)、涉案金额大(649万),更在于因渎职行为造成的危害结果极为严重。郑筱萸收人钱财,为人谋利发生在关系国民健康的医药领域。经法院审理查明:郑筱萸在担任国家监督管理部门领导职务期间,在药品生产监管工作中,擅自批准降低换发文号的审批标准,使有些药品生产企业使用虚假申报资料获得了药品生产文号的换发,其中6种药品竟然是假药。国家食品药品监督管理部门为消除隐患,于2006年9月起对已经换发的药品批准文号进行全面清理,为此耗费了大量的人力、财力。郑筱萸上述玩忽职守行为,导致国家药品管理失序,增大了人民群众的用药风险,损害了国家机关依法行政的形象,致使国家和人民的利益遭受重大损失,造成了恶劣的社会影响。[1]类似的案件不在少数。在渎职型受贿中,渎职情节或者其他情节难以构成独立的犯罪予以数罪并罚,或者数罪并罚也难以罚当其罪时(渎职罪的法定刑较轻,如受贿数额较少但渎职行为极为严重),提高非数额情节量刑的权重就显得尤为必要。

2. 将普通量刑情节与作为责任评价指标的加重情节相区分。前文已经分析了《解释》情节规定的不合理。作为责任评价指标意义上的加重情节,能够起到降格定罪或者升格量刑作用的,应是与行为直接相关,能够直接反映社会危害性大小的情节。《解释》中的四种情节,曾因贪污、受贿、挪用公款受过党纪、行政处分的;曾因故意犯罪受过刑事追究的;赃款赃物用于非

---

[1] 参见[2007]一中刑初字第1599号,郑筱萸受贿、玩忽职守一案刑事判决书。

法活动的；拒不交待赃款赃物去向或者拒不配合追缴工作，致使无法追缴的。这几种要么属于累犯或者前科性质，作为普通量刑情节即可；要么属于犯罪后的态度及表现；有的甚至还违背刑罚原理，不宜作为降格定罪或升格量刑的情节。

3. 扩大受贿罪中作为降格定罪或升格量刑的情节类型。除前面所说的普通量刑情节，当前《解释》规定了三种类型：索贿的；为他人谋取职务提拔、调整的；为他人谋取不正当利益，致使公共财产、国家和人民利益遭受损失的。前两种评价的是情节，后一种评价的是结果。"谋取不正当利益，造成损失的"应当解释为与滥用职权罪、玩忽职守罪等渎职犯罪的犯罪结果一样，造成人员伤亡、经济损失、恶劣社会影响等实际损失。索贿反映了行为人的主观恶性，应从重。"卖官鬻爵"反映了行为人背离职务义务的程度。与此相似，还有司法工作人员受贿枉法、负有维护公共安全义务、负有食品、药品、安全生产、环境保护等监督管理职责的国家工作人员受贿枉法的，这些负有特定义务和要求的人员受贿背离职责义务，同样属于情节严重，应增设作为降格定罪或者升格量刑的情节类型。

4. 明确数额对刑罚的调节幅度。建立贪污受贿犯罪数额与刑期的对应关系。具体方式可以借鉴 2017 年修订后的《量刑指导意见》关于财产犯罪的数额对应关系，以及美国《联邦量刑指南》关于贪污受贿犯罪的数额标准。[1] 贪污受贿犯罪三档刑罚幅度内的每一档，均将对应的刑期差除以数额差，计算各档量刑起点范围内，数额每增加千元或万元，对应增加刑期多少月。

5. 确立犯罪数额与作为降格定罪或升格量刑情节竞合时的

――――――――
[1] United States Sentencing Guidelines § 2C1.2, 2B1.1 (2015).

适用原则。《解释》规定了三个量刑幅度数额起点半数以下到起点内的数额幅度,同时存在以上作为降格定罪或升格量刑情节的,予以升格量刑。未到半数及以上数额,存在数额与情节竞合的情况,如何适用?上文举了受贿罪第二档幅度"20万~300万"数额巨大的例子。受贿10万以上不满20万(第一档半数的数额),情节竞合的,升格到本档刑罚;受贿150万以上不满300万的,情节竞合的,升格到第三档刑罚。问题是,当受贿数额在20万以上不满150万,情节竞合的,如何从重确定宣告刑?笔者认为,这种情形可先以数额确定量刑起点,区分上文所说的"索贿、卖官鬻爵、司法人员徇私枉法、其他特定义务人员徇私枉法"的情节和"上述人员及其他人员为他人谋取不正当利益,造成损失的结果",前者在量刑起点上加重三分之一量刑,后者在量刑起点上加重二分之一量刑,但不超过本档最高刑罚。

6. 其他常见量刑情节,如自首、立功、坦白、退赃、悔罪、累犯等,参照《量刑指导意见》的调节方式和调节比例适用。配合正在推行试点的刑事案件认罪认罚从宽处理制度,统一、严格掌握自首、立功、坦白、悔罪等从轻情节的适用。

五、建立贪污受贿犯罪量刑案例指导、量刑重大差异说理与报告制度

(一)建立贪污受贿犯罪量刑案例指导制度

最高人民法院和最高人民检察院自2010年分别颁布了《关于案例指导工作的规定》(以下简称《规定》),正式确立了案例指导制度。根据最高司法机关的权威解释,建立案例指导制度,是规范案例指导、弥补成文法局限性、约束自由裁量权、

总结司法经验和司法智慧的需要。[1]最高人民法院颁布的《规定》第2条规定，指导性案例是指裁判已经发生法律效力并符合以下条件的案例：①社会广泛关注的；②法律规定比较原则的；③具有典型性的；④疑难复杂或者新类型的；⑤其他具有指导作用的案例。

案例指导制度对于贪污受贿这类对经济发展变化敏感、需要定期动态调整标准、量刑存在地区差异性的犯罪实现量刑均衡具有重要意义。贪污受贿犯罪量刑案例指导制度的确立遵循以下思路：

1. 刑事立法和司法解释调整定罪量刑标准后，各省司法机关尽快出台一批适应地区标准、具有指导价值的案例，以统一各地区的刑罚适用。

2. 量刑指导案例要覆盖三档刑罚幅度，特别是要有一批判处无期徒刑、死刑、死缓适用终身监禁的指导性案例。

3. 量刑指导案例以对比的形式发布：具有常见从轻、减轻情节的量刑与不含任何从轻、减轻情节的量刑对比；贪污普通款物与贪污特定款物对比；索贿型和收受型对比；受贿数额接近的情况下，没有实际为他人谋取利益与实际为他人谋取不正当利益、造成实际损失的对比；等等。

4. 量刑指导案例可以类型化的形式集中发布：如根据人员身份类型：司法人员受贿枉法的量刑，社保人员受贿枉法的量刑，招投标领域的受贿犯罪量刑；根据人员职务类型：省部级的，基层的，等等。

(二) 建立贪污受贿犯罪量刑重大差异说理制度

建立在报应刑基础上的预防刑要求刑罚个别化，司法官拥

---

[1] 参见孙谦："建立刑事司法案例指导制度的探讨"，载《中国法学》2010年第5期。

有一定的自由裁量权去实现符合实质正义和特殊预防要求的刑罚。如果个案中有充分的理由减轻或者加重被告人的刑罚的话，司法官可以作出与类案不一致的刑罚，但是在判决书中对这种重大差异的量刑要进行充分说理，并且向上一级法院进行报告与备案。随着自媒体的高度发达、互联网的广泛普及、司法判决的普遍公开，司法裁判的专业判断与社会大众的常识判断之间的信息差距逐渐缩小，案件、刑事案件，特别是关系到公平正义、社会敏感度高的刑事案件，一旦有定罪量刑不公或者处置不当的嫌疑，就会迅速发酵成社会热点、焦点案件，被大众"围观""指摘"，司法机关本身会承受较大社会和舆论压力，司法公正、司法权威也会受到影响。贪污受贿案件正是这一类型，主体身份的特殊性让大众对案件能否秉公办理尤为关注，如若量刑出现重大差异，特别是量刑畸轻的情形，将会引发"官官相护"的广泛质疑。质言之，允许存在量刑差异，但要进行充分的释法说理。技术的发展为减少量刑偏差提供了有效助力。互联网、人工智能、大数据技术的发展为破解同案不同判、量刑失衡问题带来更多的可能性。司法实践中已经在探索利用互联网大数据技术建立类案指引系统，通过海量案件数据库构建同类案件的裁判量化分析模型，系统自动抓取案件中的相似事实和情节，完成对相似案件的智能判断，对异常案件自动预警提醒。

六、贪污罪与受贿罪分设刑罚

中华人民共和国成立以后，刑法贪污罪与受贿罪经历了从合并到分离再到合并的发展过程。在1952年《惩治贪污条例》中将贪污、受贿规定在一个条文中，都论以贪污罪。1979年《刑法》将贪污罪和受贿罪分设，贪污罪规定在侵犯财产罪中，

第五章 贪污受贿犯罪量刑均衡机制规范构建

受贿罪规定在渎职罪中。1997年《刑法》又将贪污罪和受贿罪合并规定到第八章贪污贿赂罪中,并适用同一法定刑,这是基于刑事政策的要求,"惩治贪污受贿犯罪,是我国现阶段反腐败斗争的重点,将贪污受贿罪列为专门的一章,作为独立的类罪,对于整顿吏治,加强国家的廉政建设,突出刑法惩治腐败的打击重点,有效地遏制这类犯罪活动,都具有积极意义"。[1]然而,贪污罪和受贿罪侵犯的法益不同。前者是针对财产的犯罪,后者是针对国家法益(职务行为的不可收买性)的犯罪,这是二者的本质区别。刑法将贪污罪和受贿罪都规定在同一章节,并且受贿罪适用贪污罪的法定刑,导致司法实践上一直将受贿罪当作财产罪对待,因此以往的司法实践中,对于受贿罪的认定完全以数额为标准,不会考虑其他情节(只是在量刑时才可能考虑其他情节)。[2]此外,贪污罪与受贿罪的不法内涵也有所不同。贪污罪涉及国家与公务员之间的忠诚关系,以及国家公务员与公共财产之间的支配关系,这是贪污罪区别于一般意义上的盗窃罪、诈骗罪和侵占罪的地方;受贿罪同样涉及国家与公务员之间的忠诚关系,此外,还涉及国家公务员和他人财产之间的支配关系,以及公务员所代理的国家权力与其他国家机关、社会组织与个人之间的关系,且这种权力扭曲是受贿罪之行为后果最集中的体现。[3]更直接地说,贪污罪和受贿罪就是两种不同类型的犯罪,两者相似性小、相异性大。

贪污罪与受贿罪在犯罪结构、保护法益、不法内涵、责任

---

〔1〕 参见高铭暄、马克昌主编:《刑法学(下编)》,中国法制出版社1999年版,第119页。

〔2〕 参见张明楷:"贪污贿赂罪的司法与立法发展方向",载《政法论坛》2017年第1期。

〔3〕 参见姜涛:"贪污受贿犯罪的法定刑应当区分",载《政治与法律》2016年第10期。

程度、发案率上的种种差异,以及笔者通过实证统计发现法官实际量刑尺度的区别(受贿罪的实际量刑重于贪污罪),都充分说明贪污罪、受贿罪应分设刑罚,受贿罪不应采用援引贪污罪法定刑的立法模式。司法实务中贪污罪与受贿罪发案率的不同,表明受贿罪成为反腐败领域预防及惩治的重点。从实证统计的结果来看,只考虑数额的对应关系的话,受贿罪的法定刑可以设计成比贪污罪法定刑重一年。

结　语

在全面从严治党、严厉打击腐败的大时代背景和刑事政策指引下，贪污受贿犯罪均衡量刑显得格外有意义。既要使贪官污吏罚当其罪，给予其公正审判和刑罚；也要使公众相信司法官并没有给予特殊群体以特权，适用刑法不存在身份"优待"的说法。贪污受贿犯罪量刑失衡问题是立法和司法两个方面的原因造成的，关键的因素是不以人的意志为转移的经济发展、通货膨胀带来的币值变化、地区经济发展不均衡和贪污受贿犯罪之间的结构差异。量刑本就是复杂的理论和技术问题，立法者在贪污受贿犯罪中又增添情节作为评价要素，更使问题难上加难。实现均衡量刑恐怕很难有最优方案，只有相对科学可控、可操作的解决办法。

本书通过对"刑九"适用之前大样本判决书的实证分析，揭示出贪污受贿犯罪存在的量刑轻缓化和量刑情节适用偏差、"量刑扎堆"造成刑罚阶梯效应失灵、区域量刑差异、两罪量刑差异等问题。通过对"刑九"及《解释》的分析以及"刑九"之后大样本判决书的实证分析发现，刑法修改后部分解决了上述问题，但尚有定罪起点数额提高不够、刑罚幅度不宽、数额与情节关系不清、调节幅度不明等问题未解决。在对量刑基础理论与量刑均衡基本原理进行学理阐释，以及对域外量刑均衡三种实践模式比较分析的基础上，本书提出考虑通过建立贪污受贿犯罪入罪数额的动态调整机制、建立量刑数额标准的区域均衡机制、完善刑罚结构、确立量刑指导意见、建立案例指导制度和量刑重大差异报告和说理制度、分设刑罚等方式予以完善。

  本书通过实证计量方法对贪污受贿犯罪量刑问题研究,在样本范围上还需要进一步扩大,后期可以增加一些与其他类型犯罪的对比。"刑九"适用的时间不长,之后可以再增加一些案例进行对比研究。本书结合修正后的刑法提出的一些解决思路是否可行,还需要进一步检验和讨论。对于实证研究而言,作为建议的结论部分似乎不是最重要的。重要的是,研究是否通过科学的、可以验证的方法发现了真正的问题,对问题给出让人信服的解释,是否能给其他研究者提供进一步深入挖掘的素材。对于贪污受贿犯罪量刑均衡问题,不能被动地等待司法者去调整标准,立法者要主动评估、发现、解决问题,确立一个科学的量刑均衡机制,这是科学立法的重要一步,在其他犯罪特别是数额犯的量刑均衡问题上也可做引申思考。也许有一天,人工智能技术的进步能够彻底解决量刑失衡的问题,但是这一天毕竟还遥远。在那一天来临之前,学术上仍然需要去努力发现更好的方法实现量刑均衡,实现合乎正义、符合一般预防和特殊预防目的的量刑。

主要参考文献

一、中文文献

（一）著作类

1. 高铭暄、马克昌主编：《刑法学》，北京大学出版社、高等教育出版社 2007 年版。
2. 高铭暄主编：《刑法专论》，高等教育出版社 2004 年版。
3. 高铭暄：《刑法问题研究》，法律出版社 1994 年版。
4. 王作富主编：《刑法》，中国人民大学出版社 2007 年版。
5. 马克昌主编：《犯罪通论》，武汉大学出版社 1999 年版。
6. 马克昌：《比较刑法原理：外国刑法总论》，武汉大学出版社 2002 年版。
7. 何秉松主编：《刑法教程》，中国法制出版社 1998 年版。
8. 张军等：《刑法纵横谈：理论·立法·司法》，北京大学出版社 2008 年版。
9. 胡云腾：《死刑通论》，中国政法大学出版社 1995 年版。
10. 胡云腾主编：《中美量刑改革国际研讨会文集》，中国法制出版社 2009 年版。
11. 陈兴良：《刑法适用总论》，法律出版社 1999 年版。
12. 张明楷：《刑法学》，法律出版社 2007、2014 年版。
13. 张明楷：《预防刑与责任刑》，北京大学出版社 2015 年版。
14. 张明楷：《刑事责任论》，中国政法大学出版社 1992 年版。
15. 赵秉志主编：《犯罪总论问题探索》，法律出版社 2002 年版。
16. 赵秉志主编：《刑法总论》，中国人民大学出版社 2007 年版。

17. 赵廷光：《量刑公正实证研究》，武汉大学出版社 2005 年版。
18. 冯军：《刑事责任论》，法律出版社 1996 年版。
19. 邱兴隆：《关于惩罚的哲学——刑罚根据论》，法律出版社 2000 年版。
20. 黎宏：《刑法总论问题思考》，中国人民大学出版社 2007 年版。
21. 周光权：《刑法总论》，中国人民大学出版社 2007 年版。
22. 周光权：《法定刑研究》，中国方正出版社 2000 年版。
23. 白建军：《罪刑均衡实证研究》，法律出版社 2004 年版。
24. 韩光军：《量刑基准研究》，法律出版社 2010 年版。
25. 石经海：《量刑个别化的基本原理》，法律出版社 2010 年版。
26. 蒋明：《量刑情节研究》，中国方正出版社 2004 年版。
27. 陈瑞华：《量刑程序中的理论问题》，北京大学出版社 2011 年版。
28. 陈卫东主编：《量刑程序改革理论研究》，中国法制出版社 2011 年版。
29. 冀祥德主编：《司法制度新论》，社会科学文献出版社 2009 年版。
30. 李艳玲：《量刑方法论研究》，中国人民公安大学出版社 2007 年版。
31. 景景：《受贿罪量刑均衡问题研究》，人民法院出版社 2015 年版。
32. （清）沈家本：《历代刑法考》（二），邓经元、骈宇骞点校，中华书局 1985 年版。
33. 蔡枢衡：《中国刑法史》，中国法制出版社 2005 年版。
34. 瞿同祖：《中国法律与中国社会》，中华书局 2003 年版。
35. 林山田：《刑法通论》，自版 2006 年版。
36. 黄荣坚：《刑罚的极限》，元照出版公司 1999 年版。
37. 许玉秀：《当代刑法思潮》，中国民主法制出版社 2005 年版。

（二）论文类

1. 陈兴良："贪污贿赂犯罪司法解释：刑法教义学的阐释"，载《法学》2016 年第 5 期。
2. 周光权："论受贿罪的情节——基于最新司法解释的分析"，载《政治与法律》2016 年第 8 期。
3. 孙国祥："贪污贿赂犯罪刑法修正的得与失"，载《东南大学学报（哲学社会科学版）》2016 年第 3 期。
4. 车浩："刑事立法的法教义学反思——基于《刑法修正案（九）》的分

析",载《法学》2015年第10期。

5. 赵廷光:"克服量刑偏差为什么会成为世界难题",载《检察日报》2004年10月20日。
6. 赵廷光:"《电脑辅助量刑系统》的一般原理",载《中国法学》1993年第5期。
7. 白建军:"裸刑均值的意义",载《法学研究》2010年第6期。
8. 孙国祥:"宽严皆失:贪污贿赂犯罪的量刑失衡之乱象及纾解",载《甘肃政法学院学报》2009年第6期。
9. 孙国祥:"受贿罪量刑中的宽严失据问题——基于2010年省部级高官受贿案件的研析",载《法学》2011年第8期。
10. 孙超然:"论贪污罪、受贿罪中的'情节'——以高官贪腐案中裁判考量因素的实证分析为切入点",载《政治与法律》2015年第10期。
11. 蒋太珂、彭文华:"量刑应实行定量与自由裁量并行——以贪污、受贿罪量刑标准的修改为视角",载《华东政法大学学报》2016年第2期。
12. 宋云苍:"贪污受贿案件量刑均衡问题研究",载陈兴良主编:《刑事法评论》,北京大学出版社2007年版。
13. 王剑波:"我国受贿罪量刑地区差异问题实证研究",载《中国法学》2016年第4期。
14. 张明楷:"死刑的废止不需要终身监禁来替代",载《法学研究》2008年第2期。
15. 邓文莉:"'两极化'刑事政策下的刑罚制度改革设想",载《法律科学》2007年第3期。
16. 叶成国:"职务犯罪缓免判决率偏高的原因与对策——对职务犯罪缓免判决适用情况的调查分析",载《中国刑事法杂志》2011年第4期。
17. 张建升等:"职务犯罪的刑罚与轻刑化的遏制",载《人民检察》2010年第17期。
18. 杨凤宁、何斐明:"职务犯罪轻刑化法律监督探讨",载《中国刑事法杂志》2013年第1期。
19. 牟春雷、赵亚光:"职务犯罪轻刑化问题分析及纠正途径",载《人民检察》2009年第5期。

20. 赵秉志:"贪污受贿犯罪定罪量刑标准问题研究",载《中国法学》2015年第1期。

21. 林竹静:"受贿罪数额权重过高的实证分析",载《中国刑事法杂志》2014年第1期。

22. 李本灿:"以情节为中心重构贿赂罪罪刑体系——兼评《刑法修正案(九)》(草案)贿赂罪定罪量刑标准的修订",载《南京大学学报(哲学·人文科学·社会科学版)》2015年第4期。

23. 梁根林:"贪污受贿犯罪定罪量刑标准的立法完善",载《中国法律评论》2015年第2期。

24. 张明楷:"论犯罪后的态度对量刑的影响",载《法学杂志》2015年第2期。

25. 陈伟、蔡荣:"基层贪污受贿案件的量刑失衡及其规范——以江西某市近三年贪污受贿案件为样本",载《江西社会科学》2015年第12期。

26. 何家弘:"宽严相济与中庸反腐",载《法学家》2015年第5期。

27. 陈金林:"刑罚的正当化危机与积极的一般预防",载《法学评论》2014年第4期。

28. 张明楷:"新刑法与并合主义",载《中国社会科学》2000年第1期。

29. 赵廷光:"法定刑中间线是量刑公正的生命线",载《中国刑事法杂志》2010年第12期。

30. 刘军:"量刑如何实现均衡——以量刑规范化文件为分析样本",载《法学》2011年第8期。

31. 周光权:"量刑基准研究",载《中国法学》1999年第5期。

32. 张明楷:"责任主义与量刑原理——以点的理论为中心",载《法学研究》2010年第5期。

33. 陈瑞华:"量刑程序改革的模式选择",载《法学研究》2010年第1期。

34. 左卫民:"中国量刑程序改革:误区与正道",载《法学研究》2010年第4期。

35. 彭文华:"美国联邦量刑指南的历史、现状与量刑改革新动向",载《比较法研究》2015年第6期。

36. 蔡曦蕾："量刑失衡的克服：模式与选择"，载《中外法学》2014年第6期。
37. 王莹："情节犯之情节的犯罪论体系性定位"，载《法学研究》2012年第3期。
38. 时延安："刑罚权运作的秩序——刑事法制中的'中央与地方'问题研究"，载《法学家》2010年第5期。
39. 张明楷："贪污贿赂罪的司法与立法发展方向"，载《政法论坛》2017年第1期。
40. 陈兴良："刑罚改革论纲"，载《法学家》2006年第1期。
41. 孙谦："建立刑事司法案例指导制度的探讨"，载《中国法学》2010年第5期。
42. 王利荣："论量刑的合理性"，西南政法大学2007年博士学位论文。
43. 叶三方："量刑适当实证研究——以相对性为视角"，武汉大学2014年博士学位论文。
44. 白云飞："规范化量刑方法研究"，吉林大学2011年博士学位论文。

二、外文文献

1. United States Sentencing Guidelines.
2. Michael M. OHear："Guidelines Simplification：Still an Urgent Priority Post-Booker"，*Federal Sentencing Reporter*，Vol. 20，No. 5，2008.
3. Douglas A. Berman TweakingBooker："Advisory Guidelines in the Federal System"，*Houston Law Reviev*，Vol. 43 No. 2，2006.
4. Kirby. D. Behre& A. JeffIfrah，"You Be the Judge：The Success of Fifteen Years of Sentencing under the Unit states Sentencing Guide-lines"，40 *American Criminal Law Review*5，2003.
5. Unit States SentencingCommission，"Sourcebook of Federal Sentencing Statistics"，Figure G，2001.
6. Herbert Wechsler, Foreword to MODEL PENAL CODE at Xi（1985）.
7. George P. Fletcher，*Basic Concepts of Criminal Law*，Oxford University Press（1998）.

8. Packer, *The Model Penal Code and Beyond*, 63 COLUM. L. REV. (1963).
9. Clarkson and Keating, *Criminal Law: Text and Materials*, Sweet & Maxwell (2007).